V&R

DIENST AM WORT

Die Reihe für Gottesdienst und Gemeindearbeit

Band 135

Vandenhoeck & Ruprecht

Karin Ulrich-Eschemann

Gutes predigen nach dem Vorbild Jesu

Gottesdienste zu Lebensthemen

Vandenhoeck & Ruprecht

Mit 11 Abbildungen
„Brot und Wein": Svetlana Kilian
„Die Umarmung": Irmtraud Schniedenharn
„Mose"/„Jesus segnet die Kinder": Gabriele Hafermaas

Bibliografische Information der Deutschen Nationalbibliothek

Die Deutsche Nationalbibliothek verzeichnet diese Publikation
in der Deutschen Nationalbibliografie; detaillierte bibliografische
Daten sind im Internet über http://dnb.d-nb.de abrufbar.

ISBN 978-3-525-57013-5
ISBN 978-3-647-57013-6 (E-Book)

Umschlagabbildung: Josef Roßmaier

© 2011, Vandenhoeck & Ruprecht GmbH & Co. KG, Göttingen /
Vandenhoeck & Ruprecht LLC, Oakville, CT, U.S.A.
www.v-r.de
Satz: textformart, Göttingen
Druck und Bindung: ⊕ Hubert & Co, Göttingen

Gedruckt auf alterungsbeständigem Papier.

Inhalt

Grundlegung   7

    Gutes – nach dem Vorbild Jesu   7

    Gutes predigen   8

    Gottesdienste zu Lebensthemen   12

Gottesdienste zu Lebensthemen

1 Was ist der Mensch?   15

    1.1 Menschenkind – Gotteskind (GD)   15

    1.2 Gott und Mensch in der Welt (TA)   27

2 Beten und Handeln   31

    2.1 Sorgen – beten – handeln (GD)   31

    2.2 Das Vaterunser (GD)   40

    2.3 Mit Leidenschaft Fürbitte halten (GD)   49

3 Liebe   57

    3.1 Liebe tun (GD)   57

    3.2 Ubi caritas et amor (TA)   68

    3.3 Ein Kind retten (TA)   74

4 Familie – Kinder – Lebensanfang   79

    4.1 Mit Kindern – ein neuer Aufbruch (GD)   79

    4.2 Wie Menschen geboren werden (GD)   86

    4.3 Gottesfamilie kontra Menschenfamilie? (GD)   96

    4.4 Kinder – eine Gabe Gottes (TA)   105

    4.5 Die Familie – die heilige Familie (TA)   110

    4.6 Das Haus Gottes und die Häuser der Menschen (TA)   116

5 Alte Menschen – Lebensende   121
   5.1 Alt werden und von Neuem geboren werden (GD)   121
   5.2 Alte Menschen – Tradition (TA)   129

6 Ungleich und doch gleich   134
   6.1 Das ungleiche Paar: Pharisäer und Zöllner (GD)   134
   6.2 Für alle – Fünf Brote und zwei Fische (GD)   144

7 Arm und reich   151
   7.1 Vom Lebensglück (GD)   151
   7.2 Die Bedürftigen (GD)   159
   7.3 Der ungerechte Mammon (GD)   167

8 Frieden   177
   8.1 Soll ich meines Bruders Hüter sein? (TA)   177
   8.2 Brot und Frieden (TA)   183
   8.3 Christus in der Mandorla – der Weltenrichter (TA)   188

GD = Gottesdienst
TA = Andacht nach der Liturgie von Taizé

Grundlegung

Wie lieblich sind auf den Bergen die Füße der Freudenboten,
die da Frieden verkündigen, Gutes predigen, Heil verkündigen,
die da sagen zu Zion: Dein Gott ist König.

Jesaja 52,7

Gutes – nach dem Vorbild Jesu

Die Güte Jesu ist die Güte Gottes. Es ist die Güte des Vaters, der
seinen Sohn mit offenen Armen empfängt, ganz gleich, ob er
eigensinnig, leichtsinnig oder sogar undankbar gewesen ist. Es ist
die Güte des Schöpfers, der Tränen vergießen kann über die Bos-
heit seiner Geschöpfe und das Elend ihrer Opfer, die auch seine
Geschöpfe sind. Und der trotzdem seine Sonne über allen aufgehen lässt, der das Unkraut mit dem Weizen wachsen lässt und
seinen Bogen in die Wolken setzt.

Es ist die Güte des Sohnes, der den Fernen und den Fort-
gedrängten nahe ist, der am Kreuz die Arme ausbreitet für alle,
die mühselig und beladen sind, der für seine Peiniger um Vergebung bittet, damit sie – wie Kain – weiterleben können.

Diese Güte ist der Grund, aus dem heraus Gutes gepredigt
werden kann, Gutes in dem Sinn, dass es Leben fördert, das Leben, das ich führe, das Leben, das andere führen wollen, das Leben, das ich mit anderen führen soll und möchte. Hier kommt die
Ethik in den Blick, die gute Lebenspraxis, nicht als Gesetz und
Forderung mit religiöser Beglaubigung, sondern als eine Möglichkeit, zu der wir frei und fähig sind, weil wir die Güte Gottes
zu spüren bekommen.

Güte als Geschenk und Gutes als Weiter-Gabe – sie gehören
zusammen. So will ich sie verstehen und verstanden wissen. Und
so sollen sie in die Predigt fließen.

Gutes predigen

Wie kommen Menschen zu ihrer Ethik, zu ihrer besonderen Art, das Leben zu führen und inBeziehungen zu leben? Wo finden sie Vorbilder und Anleitung, wo Orientierung? Diese Frage beschäftigt mich seit Langem.

Da ist zunächst die Lebenswelt, angefangen bei den *daily soaps*, bei populär-religiöser Musik, bei Talkrunden im Fernsehen, bei großen Spendengalas, bei Interviews im Radio, bei kleinen Erlebnissen mit Menschen auf der Straße oder im Haus. Da bewegt sich die Ethik ganz frei und oft ungezielt in der Luft und findet hier und da aufmerksame und willige Empfänger. Diese Ethik trägt gewiss mit dazu bei, dass wir uns miteinander im guten Sinn verständigen und gut miteinander leben können.

Und natürlich sind da der schulische Ethik- und Religionsunterricht als institutionalisierte Orte, an denen Ethik gelernt werden kann und gelernt wird. Ich selbst bin von Haus aus Religionslehrerin und bilde zukünftige Religionslehrer und Religionslehrerinnen für die christliche Ethik aus.

Trotzdem: Der eigentliche Ort, wo Menschen ethische Orientierung suchen, vielleicht auch Vorbilder und Maßstäbe – und diese hoffentlich auch finden –, ist der Gottesdienst. Hier ist das Gute zu Hause, das aus der Güte Gottes fließt, und zwar nicht zufällig und gelegentlich, sondern zuverlässig, kontinuierlich und auf eine ganz bestimmte Art und Weise.

Seit vielen Jahren predige ich regelmäßig, feiere Gottesdienste und habe die Taizéandacht als kleine Gottesdienstform entdeckt, die sich gut für die Reflexion aktueller ethischer Themen eignet. Außerdem habe ich mitgearbeitet an dem Projekt „worship and ethic", das von anglikanischen und evangelischen Theologen durchgeführt wurde. Ich suche Wege, Gutes so zu predigen, dass es trifft, dass es Mut macht und dass es wirken kann. Ich erläutere, wie ich das meine:

Menschen fühlen sich angesprochen, wenn sie selbst betroffen sind. Ich suche meine Predigtthemen unter den Lebensthemen meiner Gemeinde: in den Nachrichten die Debatte um die PID, in den Häusern die wachsende Einsamkeit, auf den Straßen die Schere zwischen Arm und Reich, in den Schulen der Leistungsdruck.

Es ist keine Kunst, solche Lebensthemen mit biblischen Texten zu verbinden. Die Bibel ist ja per se ein Buch des Lebens und so sind ihre Worte über die Zeiten hinweg in alle Lebenssituationen hinein nachzusprechen und auszulegen.

Es ist eher eine Kunst – und die ist ernst zu nehmen – das Bibelwort so zu setzen, dass es nicht einlullt, sondern stört: falsche Wertungen aufbricht, schädliche Götzen entlarvt, trügerische Sicherheiten erschüttert. Das wäre „Gutes", wie ich es verstehe, auf der Grundlage der Güte Gottes.

Dass es Mut macht

Hier bin ich ausdrücklich auf Jesu Vorbild angewiesen: Wie unermüdlich hat er erzählt und ausgemalt und gefragt. Befohlen und gelehrt und gedroht hat er selten. Meistens hat er vom Himmelreich erzählt, von der großen Geduld, die es braucht, bis ein Samenkorn zum Baum wird, von der großen Liebe, mit der der Hirte heimholt, die ihm verloren gegangen sind, von der umfassenden Einladung, doch nicht draußen zu bleiben, sondern hereinzukommen, mitzufeiern, dass auch andere geliebt sind, nicht weniger als ich.

Jesus hat geworben – um die älteren Söhne und die ersten Arbeiter, dass sie ihr Herz weiten sollten für die, die nicht so zuverlässig, so selbstlos, so pflichtbewusst gewesen waren. Er hat um sie geworben, obwohl sie es ihm nicht dankten, weil er wusste, dass ihr Leben nur gelingen kann, wenn sie das schaffen: sich nicht nur beschenken zu lassen (das ist schwer genug), sondern sich auch mitzufreuen, wenn andere beschenkt werden. Vielleicht sogar noch großzügiger.

Diese werbende Predigt, die muss ich lernen, wenn ich Gutes predigen will. Kein Wettern, kein Besserwissen. Werbende, liebende Geduld. Und die Güte Gottes ausmalen, in leuchtenden Farben: „Und Gott wird abwischen alle Tränen von ihren Augen, und der Tod wird nicht mehr sein noch Leid noch Geschrei noch Schmerz wird mehr sein" (Offb 21,4).

Dass es wirkt

Das wünscht sich jeder Prediger. Jesus ist insofern gescheitert, dass er die älteren Söhne und die ersten Arbeiter nicht gewann, sondern sich zu Feinden machte, die ihn schließlich zu Tode brachten. Jesus ist insofern wirksam gewesen über alles Maß, dass das christliche Ethos weltweit zur Geltung gekommen ist und menschliche Gemeinschaft ohne eine Grundlage der Güte nicht mehr denkbar ist.

Dass meine Predigt wirkt, dazu bedarf es allerdings nicht nur überzeugender Worte. Dazu braucht es den gesamten Gottesdienst. Der ganze Gottesdienst ist Verkündigung des Evangeliums, der Güte Gottes. Sie ist im Gottesdienst gegenwärtig. Hier findet die ethische Predigt Jesu ihre lebendige Tradierung in der Auslegung der biblischen Texte – in der Predigt, in den Liedern und Gebeten. Hier findet Praxis des Friedens statt, Praxis der Vergebung, Praxis des gewaltfreien Zusammenlebens, Praxis des Fürbittens, Praxis des ethischen Lernens in der Predigt, Praxis des Lobens und Betens, Praxis des Tröstens und des Ermahnens, Praxis des Versöhnens „aller" beim Abendmahl.

Der Gottesdienst stellt den Zusammenhang zwischen Glauben und Leben her, der dann aber aus dem Gottesdienst hinausdrängt in den Lebensalltag in der Welt, so wie dieser mit in den Gottesdienst hinein gebracht und hier manchmal zur Sprache kommt.

Alle liturgischen Elemente, gefasst in sprachliche Formen, implizieren Aspekte göttlicher Güte, wie zum Beispiel das Vaterunser als „Wir"-Gebet der im Gottesdienst versammelten Gemeinde. So ist in der Bitte „Und vergib uns unsere Schuld wie auch wir vergeben unseren Schuldigern" die Kooperation zwischen Gott und seinen Menschen sprachlich fest verankert, so wie sie auch in etlichen Gesangbuchliedern zur Sprache kommt.

Ebenso die vertrauensvolle Bitte um das tägliche Brot für uns, für alle, stellt jeden einzelnen Menschen in die Gemeinschaft aller Menschen. Alle, weil sie alle Brot brauchen, des Brotes bedürftig sind. Die Bitte um das tägliche Brot verbindet die Reichen mit den Armen, die Hungernden mit den Satten. Sie lässt diese Bitte wirksam werden bei den Fürbitten, zum Beispiel in der Bitte um gute Regierungen, die sich dafür einsetzen, Brot für alle zu beschaffen, in der Kollekte, in der Armenküche oder in anderen diakonischen Tätigkeiten.

Selbst am Glockengeläut kann eine ethische Dimension entdeckt werden. „Die Sitte des Glockenläutens beim gottesdienstlichen Vaterunser zeigt: Dieses intime Gebet der Gemeinde zu ihrem Vater im Himmel zieht mit dem Klang der Glocken hinaus in die Welt und zieht umgekehrt die Welt buchstäblich ins Gebet hinein: Wer die Glocken hört, kann, wo immer er sich befindet, mit der Gemeinde beten, oder weiß sich jedenfalls mit in ihr Gebet hineingenommen."[1]

Die Sammlung der Gaben (Kollekte), die Aussendung zum Leben in der Welt, die diakonische Solidarität lassen gelebtes Ethos

---

1 Bernd Wannenwetsch: Lob der Äußerlichkeit. Evangelische praxis pietatis als gottesdienstliche Frömmigkeit, in: Johannes von Lüpke/Edgar Thaidigsmann, Denkraum Katechismus. Festgabe für Oswald Bayer zum 70. Geburtstag, Tübingen 2009, 402.

11

erfahren. Am Gottesdienst teilzunehmen, meint an der Praxis gelebten Ethos bereits hier teilzuhaben – und nicht erst mit der Sendung in die ethische Bewährung entlassen zu werden – und an der Tradierung dieses Ethos teilzuhaben. Dass alle gleich gemacht werden und zu einem „Wir" von Gleichen gemacht werden, das ist in besonderer Weise beim Abendmahl zu erleben. Das „für dich gegeben" meint zugleich „für euch gegeben" und hat die Anderen im Blick im Sinne des „für alle gegeben".

Gottesdienste zu Lebensthemen

Acht Themen habe ich ausgewählt, die als „große Fragen" die Menschen bewegen: 1 Was ist der Mensch?; 2 Beten und handeln; 3 Liebe; 4 Lebensanfang; 5 Alte Menschen – Lebensende; 6 Gleich und Ungleich; 7 Arm und Reich; 8 Frieden. Sie mögen exemplarisch zeigen, wie solche Gottesdienste werbend, ermutigend und wirksam gestaltet sein können.

Ich habe sie alle so wie im Folgenden vorgestellt, gefeiert – und eine lebendige Gemeinde mit mir. Es wird andere Themen geben bzw. andere Anlässe in der aktuellen Lebenswelt Ihrer Gemeinde, mit denen Sie einsteigen werden, im Kern aber sind es stets die gleichen Fragen: nach dem Woher und Wohin, nach Gott und dem Menschen, Gut und Böse – und ob ich geliebt bin.

Lassen Sie sich inspirieren, eigene Predigten und Gottesdienste so zu feiern, dass Sie wirksam sind für alle – auch für die, die nicht kommen, und dass sie um die älteren Söhne und ersten Arbeiter werben, sich endlich mitfreuen zu können – um ihrer eigenen Freude und Gottes Güte willen.

GOTTESDIENSTE
zu LEBENSTHEMEN

1 WAS IST DER MENSCH?

1.1 Menschenkind – Gotteskind (Ps 139,23–24)

❭ Begrüßung und Hinführung

Ich begrüße Sie herzlich zu unserem Gottesdienst am …
(Name des Sonntags). Ich begrüße Sie mit Worten aus
dem achten Psalm: „Herr, unser Herrscher, wie herrlich
ist dein Name in allen Landen, der du zeigst deine Hoheit
am Himmel! … Wenn ich sehe die Himmel, deiner Finger Werk, den Mond und die Sterne, die du bereitet hast:
Was ist der Mensch, dass du seiner gedenkst und des Menschen Kind, dass du dich seiner annimmst?" – Was ist der
Mensch?, liebe Gemeinde. Was sind wir Menschen? Das
ist heute unser Thema.

❭ Kollektengebet

Lieber Vater im Himmel, Deine Welt ist voller Wunder.
Du hast die großen und die kleinen Lebewesen gemacht,
die Berge und die Täler, die hohen Bäume und die niedri-
gen Kräuter. Und dann auch uns, Gott, Menschen überall in der Welt, Menschen in Deutschland, Menschen hier
in … *(Name der Gemeinde)*, uns hier heute Morgen. Mich.
Wir vertrauen darauf, dass Du uns kennst, uns hier heute
Morgen. Und mich. Und dass Du deine Freude an uns
hast. Auch an mir. Wir danken Dir. Amen

Liebe Gemeinde,

ich will Sie zu Beginn mitnehmen auf einen Küstenweg an der Nordsee, auf dem ich im Sommer letzten Jahres mit meinem Mann gewandert bin – begleitet von stürmischem Wind. Ein Wanderweg entlang den von Bildhauern in Stein gemeißelten sieben Schöpfungstagen. Jeder neue Schöpfungstag musste erst einmal erwandert oder erradelt werden, dann luden die Skulpturen zur Meditation ein.

Schließlich erreichten wir den sechsten Schöpfungstag: die Erschaffung des Menschen. Wir sahen nicht einen Gott, der aus Lehm den Menschen formt, wir sahen ein kleines werdendes Geschöpf ein kleines Menschenkind im Leib der Mutter: *Gott schuf den Menschen, er schuf sie als Mann und als Frau.* Gott schuf und erschafft weiterhin neue Menschenkinder. Jeder neue werdende Mensch von Gott erschaffen – so kam die Botschaft bei mir an.

Lassen wir dieses Bild noch ein wenig in unserer Vorstellung verweilen und hören dazu einige Verse aus dem Gebet- und Liederbuch des Alten Testaments:

Denn du hast meine Nieren bereitet und hast mich gebildet im Mutterleib. Ich danke dir dafür, dass ich wunderbar gemacht bin; wunderbar sind deine Werke; das erkennt meine Seele. (Psalm 139)

Was ist der Mensch, dass du, Gott, seiner gedenkst, und des Menschen Kind, dass du dich seiner annimmst. (Psalm 8)

Wie köstlich ist deine Güte Gott, dass Menschenkinder unter dem Schatten deiner Flügel Zuflucht haben. (Psalm 36)

Was meint das Reden von den Menschenkindern? Handelt es sich um eine Verkleinerungsform, wenn nicht von den großen, erwachsenen Menschen geredet wird, sondern von den Menschenkindern?

In den Paulusbriefen lesen wir, dass Paulus die Gemeindeglieder manchmal so anredet: *Kindlein, geliebte Kindlein.* Im Neuen Testament hören wir auch die verheißungsvolle Zusage, dass wir Kinder Gottes sind, Kindlein Gottes und Gott unser Vater ist. Wir sagen es in unserem Sprachgebrauch eher so, wenn wir uns bekannte Kinder nach langer Zeit wiedersehen: Aus Kindern sind Erwachsene geworden. Jesus sagt es umgekehrt: Aus Erwachsenen sollen Kinder werden. Wie können wir das verstehen?

Fragen wir noch mal: Wer ist mit den Menschenkindern gemeint? Nun, gewiss sind wir damit gemeint, jede und jeder Einzelne von uns. Viele andere Psalmworte könnte ich Ihnen nennen, die uns sagen wollen, dass wir nicht einfach Menschen oder auch Geschöpfe Gottes sind – in der Bibel kommt das Wort Geschöpf überhaupt nur ein einziges Mal vor –, sondern Kinder von Menschen, gezeugt von Vater und Mutter und geworden und geboren worden in und von der Mutter. Von dorther kommen wir.

Dieses Reden von den Menschenkindern, wie wir es nun besonders aus den Psalmen hören, immer wieder hören und es in uns aufnehmen können als Zusage unseres Menschseins führt uns mitten hinein in aktuelles Fragen: Was ist der Mensch? Was zwingt uns, heute in besonderer Weise danach zu fragen, was der Mensch denn „eigentlich" ist? Wissen wir das nicht, erleben wir uns nicht gegenseitig als Menschen und wissen wir nicht voneinander, dass wir alle auf die gleiche Weise geworden und geboren sind? Gleich sind wir als Menschen, weil wir alle gleichen Ursprungs sind. In dieser Weise denken Philosophen über das Geborenwerden nach. Aber gerade das steht heute auf dem Spiel.

Unser heutiges Fragen nach dem Menschen oder dem Menschenbild ist ein anderes als das staunende, hymnische Fragen in Psalm 8, der so beginnt: „Herr, unser Herrscher, wie herrlich ist dein Name in allen Landen …" und der so fragt: „Was ist der Mensch (Martin Buber spricht vom Menschlein), dass Du, Gott, seiner gedenkst und des Menschen Kind, dass Du dich seiner annimmst?" Diese staunende Frage dürfen wir nicht verkürzen und nur fragen „Was ist der Mensch?" So fragen Philosophen, so hat Immanuel Kant als letzte Frage in seiner Fragekette gefragt und keine Antwort geben können.

Unser heutiges Fragen nach dem Menschen hat den Menschen aus dem Zusammenhang mit dem Reden von Gott als dem Erschaffer von uns Menschenkindern herausgelöst. Wir fragen heute eher so: Was unterscheidet den Menschen vom Tier? Was macht die Würde des Menschen aus? Ab wann ist der Mensch ein Mensch? Dürfen wir am individuellen Menschen manipulieren, in sein Erbgut eingreifen? Dürfen Wissenschaftler an Embryonen forschen, das heißt an werdenden Menschen? Dürfen wir werdende Menschen verwerfen, weil sie einer von uns festgelegten Norm nicht entsprechen? Wer darf darüber befinden, wer oder was ein Mensch ist, und was menschliches Leben des je konkreten einzelnen Menschen lebenswert macht?

Diese Fragen sind nicht einfach vom Himmel gefallen, vielmehr hat die Forschung, zum Beispiel der Wunsch, an menschlichen Embryonen forschen zu wollen, und haben die neuen Fortpflanzungstechnologien uns die Fragen beschert. Und diese Fragen berühren unser aller Menschsein, unseren gemeinsamen Lebensanfang. Für mich ist es manchmal erschreckend, was wir diesem beginnenden menschlichen Leben antun, wie viel hier diskutiert und entschieden wird, wie sehr andere schon am Anfang des Lebens über andere verfügen – über das unverfügbare Leben individueller werdender Menschen. Werdenden Menschen wird Gewalt angetan, sie können sich nicht wehren, sie können nicht für sich selbst sprechen und für sich selbst einstehen. Sie können selbst nicht sagen, so wie wir alle nicht sagen konnten: Ich will geboren werden, oder ich will nicht geboren werden. Wer tritt für sie ein?

Es geschieht manchmal, dass werdende Mütter, die eine Schwangerschaftskonfliktberatung aufsuchen und hier feststellen, dass niemand für ihr Kind eintritt, dann doch selbst für das in ihnen werdende Kind eintreten und es zur Welt bringen.

Vom Menschenkind zu reden, das meint für uns: Jeder Mensch ist ein Kind von Menschen. Er kommt von Menschen her, von Eltern, von Großeltern und Urgroßeltern, geworden in der Mutter und geboren von der Mutter. Er kommt von anderen Menschen her. Das ist der konkrete einzelne Mensch mit dem ihm eigenen Namen – du und ich, nicht aber ein Abstraktum Mensch oder einfach menschliches Leben als Lebensmasse oder Rohstoff, als wertvolle Ressource. Jeder Mensch hat einen Ursprung, den er kennt oder den er kennen sollte und den wir keinem vorenthalten sollten. Jeder Mensch hat einen Ursprung, von woher er kommt: von konkreten Menschen und aus einer Geschichte, an der er auf verborgene Weise schon im Mutterleib teilhat. Geschöpf ist jeder werdende

und neugeborene Mensch, weil er von einem anderen Geschöpf herkommt.

Ich habe mich in den letzten Wochen öfter mit einem Me-
dizinprofessor für Gynäkologie unterhalten, der immer
wieder mit einer Ärzteorganisation öffentlich Einspruch
erhebt, zum Beispiel gegen die Präimplantationsdiagnos-
tik und gegen den Missbrauch ärztlichen Handelns zum
Töten. Neulich sagte er mir gegen mein Klagen und meine
Empörung: „Wir Christen wissen doch, dass die Welt so
ist und dass das Böse in Gestalt der besten Absicht und
verhüllt auch in vernünftigen Argumenten daherkommen
kann, zum Beispiel unter dem Anspruch, doch nur helfen
zu wollen."

Er sagte weiter: „Aber wir als Christen und Christinnen
müssen wissen, was wir in der Welt zu bezeugen haben.
Das Gute und Wahre ist ja nicht das Ergebnis von Mei-
nungsumfragen, aber auch nicht unbedingt das Ergebnis parlamentarischer Mehrheitsbeschlüsse." Dieser Me-
diziner hat durch sein Reden meinen festgefahrenen Blick
und meine blockierte Seele umgelenkt. Er war in unserem
Telefongespräch der rechte Theologe und Seelsorger.

Wir müssen uns besinnen und unseren Blick umlenken lassen und ja vielleicht umkehren von eingeschlagenen Wegen, von festgefahrenen Gedanken und Blicken und Mei-
nungen. Der Ruf zur Umkehr gehört zum Evangelium und
gewiss zur Fastenzeit dazu. Dieser Ruf gilt nicht in erster
Linie den anderen, sondern in erster Linie uns, der Kirche, die diesen Ruf hört. Wohin wird unser Blick gelenkt?

Menschenkind zu sein heißt auch, Gottes Kind zu sein. So
haben wir es zu Beginn gehört: Du hast mich gebildet im

Mutterleib. Ich bin dein wunderbares Werk. Ein wunderbares Werk, jeder neue Mensch: Du, Gott, kanntest mich, ehe ich wurde, du hast mich gebildet im Mutterleib. Jeder neue Mensch hat noch einen weiteren Ursprung: bei Gott, seinem Vater, der ihn geschaffen hat nach seinem Bild (gotturprünglich).

Als Menschenkinder sind wir geschaffen nach Gottes Ebenbild, ihm zum Bild und zum Gegenüber. Nicht Menschen bilden andere Menschen nach ihrem eigenen Bild. Das ist nicht die Aufgabe von Menschen, Menschen zu machen nach ihrem eigenen Bild – auch nicht Eltern ihre Kinder. Darin ist das Leben jedes einzelnen Menschen unverfügbar. Nicht wir selbst definieren, was ein Mensch ist oder welches Menschenbild gelten soll. Von Gott gewollt, geschaffen und geliebt – so ist jeder neue Mensch ein Neuanfang, nicht nur festgelegt durch seine Herkunft von den Eltern und durch seine Erziehung.

Gott handelt fürsorglich an uns Menschenkindern, uns Gotteskindern, so haben wir es aus den Psalmen gehört: „Unter dem Schatten seiner Flügel können wir Zuflucht nehmen. Gott nimmt sich unser an und gedenkt unser." Jedes einzelnen Menschen gedenkt er, jeder ist in seinem Gedächtnis aufgehoben und herausgehoben aus der anonymen Menschenmenge. Er kann nicht verloren gehen – keine und keiner von uns. Wir als Frauen und Männer gehören nicht nur zur Gattung Mensch und sind nicht nur singulär Mensch. Jeder gehört mit seinem ihm eigenen Namen und seiner Geschichte zu Gott, in die Gottesgeschichte hinein. Er gehört zu Gott, dem Vater – so beginnt unser Glaubensbekenntnis und so reden wir Gott im Gebet vertrauensvoll an: „Unser Vater im Himmel." So sollen wir zu Gott reden, wir, die Gotteskinder.

Aber dieser fürsorgliche Vater ist auch der, der den Menschen- und Gotteskindern widerspricht, der ihr Tun infrage stellt – so bei Kain, nachdem dieser seinen Bruder umgebracht hat: „Wo ist dein Bruder? Was hast du getan, Kain?"

Ohne Gott haben wir kein Gegenüber mehr, das nicht der Mensch ist. In der bekannten Geschichte vom Turmbau zu Babel tritt Gott auf, nachdem er gesehen hat, dass die Menschen einen Turm bauen wollten, der bis in den Himmel reichen sollte. Dies wollten sie tun, um sich einen Namen zu machen. Doch: „Da fuhr der Herr hernieder, dass er sähe die Stadt und den Turm, den die Menschenkinder bauten". Gott fährt den Menschenkindern dazwischen, er erhebt Einspruch. Sie sollen den ihnen von Gott zugewiesenen Ort nicht verlassen – weder Engel noch Tier sein.

Gott sieht und prüft und erforscht die Menschenkinder: Was habt ihr vor? Es geht nicht darum, dass Gott die Konkurrenz der Menschen zu fürchten hätte, wenn sie selbst Schöpfer spielen wollen. Und wir müssen auch nicht dafür eintreten, dass Gott nur ja keine Konkurrenz bekommt. Gott können wir Menschenkinder nicht verteidigen. Es geht aber sehr wohl darum, dass Gott seine Menschenkinder vor falschen Wegen bewahren will, vor dem Gefährlichen ihres Tuns. Dass sie möglicherweise gar nicht selbst überblicken können, was sie anrichten, wenn sie die Gestaltung des Menschen in ihre eigenen Hände nehmen wollen, selbst über gut und böse entscheiden wollen. Und sie nicht mehr zurück können von dem, was sie in die Hände genommen haben, sie aber auch die Verantwortung für das, was sie bewerkstelligt haben, gar nicht mehr selbst übernehmen können. Seien es die Fragen, die später einmal nicht mehr an Gott, sondern an die Erzeuger gestellt werden: Warum habt ihr mich so gemacht? Warum bin ich so wie ich bin? Wir kennen diese Fragen, aus tiefem Selbstzweifel gewachsen, auch aus der Bibel, aber hier werden sie an Gott gerichtet, der dafür die Verantwortung übernimmt: Ich habe dich gebildet.

Und die Menschenkinder tun es doch, Türme in den Himmel bauen, um sich einen Namen zu machen oder auch sich den vermeintlichen Überblick zu verschaffen. Sie verlassen den ihnen zugewiesenen Ort. „Kehrt um!" Der Ruf durchzieht die ganze Bibel. Doch Gott gibt es mit seinen Geschöpfen nicht auf. Er lässt die Menschen, die seine Geschöpfe sind, nicht fallen. Er hat diese Menschenkinder, was auch immer sie treiben, errettet. Und so bekennen wir als Christen und Christinnen, dass Gott sich neu an uns gebunden hat in Jesus Christus, von dem wir bekennen, dass er der Erlöser, der Heiland der Welt ist, und dass in ihm Gott selbst Mensch geworden ist.

In Jesus Christus handelt Gott an den Menschenkindern, er lässt sie im Glauben an diesen Christus zu Gottes Kindern werden. Durch den Menschensohn – so bezeichnet sich Jesus selbst und nimmt damit ein Wort aus dem Alten Testament auf – werden wir Menschenkinder zu Gotteskindern. Und als Gottes Kinder können wir nicht verloren gehen – niemals, auch nicht der Tod kann uns von Gott und Christus trennen. Das ist Gottes großes Versprechen.

Wenn wir uns im Glauben an Jesus halten als an unseren Bruder, wenn wir uns in seine Geschichte hineinziehen lassen, dann werden wir zur Schwester und zum Bruder Jesu, und damit werden wir zu Gottes Kindern und zu den neuen Geschwistern. Wir werden in eine neue Geschichte hineingeholt, die nicht unsere individuelle Familiengeschichte ist. Und das ist vielleicht gerade für die Menschenkinder wichtig, die nicht wissen, woher sie kommen, oder für die, deren eigene Geschichte gar nicht erst begonnen hat, oder für die, deren eigene Lebensgeschichte sehr schwierig und bedrückend ist. Kind Gottes sein heißt, diesen Vater zu haben und nicht verloren gehen zu können: „Er gedenkt unser und nimmt sich unser an."

Errettet sein, Kinder Gottes sein, Gott unseren Vater und Jesus unseren Bruder sein lassen, das macht unser Menschsein vor Gott aus. Nicht einfach: irgendwie Geschöpf zu sein und als solches Ebenbild Gottes. Wenn es in der Bibel heißt, dass wir uns kein Bild machen sollen, weder von Gott noch vom Menschen, dann heißt das nicht einfach, dass der Mensch das unbestimmte, offene Wesen ist. Vielmehr ist er hineingestellt in die Geschichte mit Gott, der als der Vater uns alle erschaffen hat, am Leben erhält und uns treu ist. Er kann nicht verloren gehen.

Was ist der Mensch? Von Jesus können wir sagen, dass er der wahre Mensch ist. Jesus hat den Ort seines Menschseins nicht eigenmächtig verlassen und selbst mehr oder weniger Gott gespielt. Er hat in enger Beziehung zu Gott, seinem Vater, gelebt. Er hat Gott an sich handeln lassen, er hat zu ihm gebetet und ihn danach gefragt, was sein Wille ist. Er hat nicht alles selbst gewusst und eigenmächtig gehandelt und die Welt deuten und retten wollen. Jesus hat seinen Platz auf der Erde als Mensch nicht eigenmächtig überschritten. Gewiss, darin bestand auch für ihn die Versuchung. Daran erinnert uns die Versuchungsgeschichte, wie sie im Lukasevangelium erzählt wird.

Der Teufel versucht Jesus, sein Menschsein zu verlassen: Verwandle Steine in Brot und stille alle physischen Bedürfnisse der Menschen. Vielleicht könnten wir es heute so sagen: Heile alle Menschen von allen Krankheiten, verschaffe ihnen Unsterblichkeit! Mache dich selbst zum Herrn der Welt! Wir hören aus dem Text, wie Jesus der Versuchung standhält: Gott will es nicht! Dreimal hält er dem Teufel ein Wort Gottes hin. Er argumentiert nicht selbst, etwa so: dass er das gar nicht vermag, oder dass er sehr wohl seine Grenzen kennt oder sich immer wieder selbst seine Grenzen setzen muss und sich bei allem seiner Verantwortung bewusst ist.

Jesus hält dem Versucher Gott entgegen. Er verlässt den Platz des Menschseins nicht. Auch nicht am Kreuz, wenn er aufgefordert wird, herabzusteigen, wenn er denn der König der Juden sei. („Anderen hat er geholfen, sich selbst kann er nicht helfen.") Er bleibt der Mensch an seinem Ort, so dass Pilatus sagt: „Sehet, welch ein Mensch."

Wir können uns, wenn unser eigenes Menschsein oder Menschsein von anderen gefährdet ist, an diesen wahren Menschen Jesus, der der Sohn Gottes ist, halten, und: Wir können und sollen eintreten für werdende Menschen, für Kinder, für Erwachsene, für alte Menschen – für Menschen- und Gotteskinder.

> Fürbittgebet

Wir danken Dir, Vater, dass Du unser gedenkst und Dich unser annimmst. Dass wir wissen können, wer wir sind, weil wir Dich als unser Gegenüber haben. Nimm besonders die Menschen an, die sonst wenig oder keine Anerkennung erfahren.

Wir danken Dir, dass wir Menschen alle gleich sind vor Dir. Lass uns diese Gleichheit im Zusammenleben erfahren und verwirklichen.

Gib, dass wir uns gegenseitig Achtung und Respekt entgegenbringen. Wenn möglich, kann es auch Liebe sein. Dies gerade den bedrohten Menschen gegenüber.

Wir bitten Dich heute für die Forscher, die das Leben und besonders auch das menschliche Leben erforschen. Lass sie nicht vergessen, dass sie selbst Menschen sind, dass sie dem Leben gegenüber, das sie erforschen, den nötigen Respekt, Ehrfurcht entgegenbringen und das Staunen über die großartige Schöpfung zulassen.

Lass uns, die Menschenkinder, achtsam miteinander umgehen und aufeinander aufpassen und mit anderen nach dem suchen, was gut für uns Menschen ist. Amen.

❭ **Segen**

Der Friede Gottes, der höher ist als alle Vernunft,
bewahre unsere Herzen und Sinne in Christus Jesus. Amen.

1.2　Gott und Mensch in der Welt

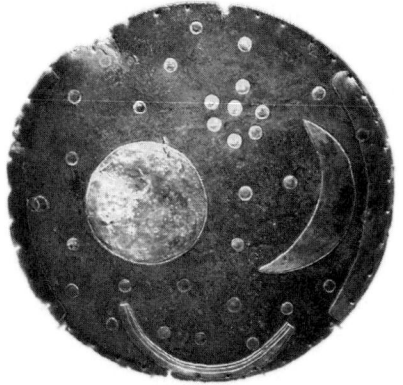

❭　Musik

❭　Begrüßung

Ich begrüße Sie mit dem Psalmwort: *Die Himmel erzählen die Ehre Gottes, und die Feste verkündigt seiner Hände
Werk.*

❭　Lied: Laudate dominum

❭　Gebet: Psalm 19

❭　Lied: Confitemini domino

❭　Bildmeditation: Die Himmelsscheibe von Nebra

*Das Bild wird groß projiziert (Beamer, OH-Projektor; Daten zum
Download auf www.v-r.de bei der Anzeige des Buches)*

„Die Himmel erzählen die Ehre Gottes und die Feste verkündigen seiner Hände Werk. Er hat der Sonne ein Zelt am
Himmel gemacht; sie geht heraus wie ein Bräutigam aus
seiner Kammer und freut sich wie ein Held zu laufen ihre
Bahn. Sie geht auf an einem Ende des Himmels und läuft
um bis wieder an sein Ende, und nichts bleibt vor ihrer
Glut verborgen." Das haben wir eben miteinander gebetet.

Dieser Psalm ist mir eingefallen, als ich vor einiger Zeit
im Museum in Halle diese Himmelsscheibe gesehen habe
und davon sehr beeindruckt war. Man hat diese Scheibe
vor einigen Jahren in der Nähe von Nebra in Sachsen-
Anhalt gefunden.

Eine alte Bronzescheibe, auf der in Gold das Firmament zu
sehen ist. Sie kann uns eine Vorstellung davon vermitteln,
wie man sich etwa um 1600 vor Christus die Himmels-
bewegungen vorgestellt hat. Sonne, Mond und Sterne. Das
Firmament ist begrenzt, ist nicht endlos. Unten sehen wir
eine Barke, ein Schiff. Man hat sich wohl vorgestellt, dass
das Schiff die Sonne bewegt vom Abend wieder hin zum
Morgen. Dahinter verbirgt sich das Erstaunen, dass die
Sonne am Morgen wieder da ist. Das Schiff hat die Sonne
um die Erde getragen. Himmelskunde haben die Menschen gewonnen durch Beobachtung und durch Nachdenken. Zugleich haben sie sich eine religiöse Vorstellung gemacht und eine entsprechende Symbolik entwickelt.

Durch staunendes Beobachten und weises Nachdenken ist
auch der Schreiber des Psalms zu seiner Erkenntnis gekommen, und doch ist für ihn etwas anderes wichtig. Es
handelt sich ja nicht einfach um eine Religion der Natur.
Nein, er sieht den Schöpfer am Werk, immer wieder neu.
Jeden Tag schafft Gott neu und lässt die Sonne scheinen.

So sagt es auch Jesus: „Denn er lässt seine Sonne aufgehen über Böse und Gute und lässt regnen über Gerechte und Ungerechte."

Es ist die von Gott geschaffene Welt, das Werk seiner Hände. Und diese geschaffene Welt lobt Gott auf ihre Weise, hat ihre eigene Sprache, Gott zu loben, ihn in alle Welt hinaus zu verkünden, ohne Sprache und ohne Worte, und doch redet sie auf ihre Weise und preist den Schöpfer: „Ein Tag sagt's dem anderen und eine Nacht tut's kund der anderen."

Wie wohl tut es, nach langer Zeit mit bedecktem Himmel die Sonne zu spüren, den lange Zeit so verschlossenen Himmel offen zu sehen. Nicht nur zu wissen, dass die Sonne da ist, sondern sie zu sehen und zu fühlen.

Der Psalm bestaunt nicht einfach die Natur, er hat einen ganz wichtigen zweiten Teil, in dem vom Gesetz Gottes die Rede ist. Manchmal werden diese Verse weggelassen, weil sie nicht so recht zu passen scheinen zu dem Lob des Schöpfers des Himmels und der Erden.

Aber das Miteinanderleben auf der Erde gehört für den Schöpfer dazu. Dass wir miteinander gut auskommen und gut miteinander leben. Dabei wollen die Gebote Gottes helfen. Sie wollen uns zeigen, wie die Geschöpfe miteinander leben können und wie sie mit dem von Gott Geschaffenen umgehen sollen. Diese Gebote sollen wir nicht fürchten, wir können sie lieben als gute Gabe Gottes, so heißt es: „Die Befehle des Herrn sind richtig und erfreuen das Herz. Die Gebote des Herrn sind lauter und erleuchten die Augen. Sie sind köstlicher als Gold und viel feines Gold, sie sind süßer als Honig und Honigseim."

So wollen wir bitten, wenn wir beten: „Lass dir wohlge-
fallen die Rede meines Mundes und das Gespräch meines
Herzens vor dir, Herr, mein Fels und mein Erlöser." Amen.

❯ **Lied: Jubilate servite**

❯ **Fürbitten und Vaterunser**

Herr, wir bitten für die Menschen, die die von Dir geschaffene und bewahrte Welt erforschen. Lass sie das Staunen
nicht verlernen, den Dank nicht vergessen und verantwortungsvoll ihre Forschung betreiben, zum Guten der
Schöpfung. Wir bitten gemeinsam ….

Herr, wir bitten, dass wir alle sorgsam mit der Schöpfung
und miteinander umgehen, dass wir Deine Gebote ernst
nehmen. Bewahre uns vor falschem Tun. Stärke unseren
Glauben. Wir bitten gemeinsam …

❯ **Lied: Ubi caritas et amor**

❯ **Segen**

Der Friede Gottes, der höher ist als alle menschliche Vernunft, der bewahre unsere Herzen und Sinne in Christus
Jesus. So gehet nun hin im Frieden des Herrn. Amen.

❯ **Lied: Dona nobis pacem domine**

❯ **Musik**

2 BETEN UND HANDELN

2.1 Sorgen – beten – handeln

❯ Begrüßung und Hinführung

*Sorget nicht um euer Leben, was ihr essen oder trinken wer-
det … Trachtet zuerst nach dem Reich Gottes und nach seiner Gerechtigkeit, so wird euch alles andere zufallen!*

Ich begrüße Sie herzlich zum Gottesdienst mit dem verheißungsvollen Wort Jesu aus der Bergpredigt, das davon spricht, dass wir uns nicht sorgen sollen um unser
Leben, sondern nach dem Reich Gottes trachten sollen.
Sich sorgen oder sorglos leben? Darüber wollen wir nachdenken …

❯ Kollektengebet

Lieber Vater im Himmel, wir danken dir für die Ruhe dieser Nacht und für den neuen Morgen. Wir danken dir,
dass du als Schöpfer immerfort am Werk bist und nicht
aufhörst damit, uns treu zu sein. Wecke unser Ohr und
öffne unsre Herzen, dass wir dein Wort recht aufnehmen,
und öffne unseren Mund zum Lob deiner Werke. Gib uns
den Geist, dass er an uns den Glauben bewirkt, immer
wieder neu. Amen.

Liebe Gemeinde,

Und der Friede Gottes, der höher ist als alle Vernunft, bewahre eure Herzen und Sinne in Christus Jesus.

Nein, die Predigt ist noch nicht zu Ende. Und: ja, doch, Sie haben recht: Die Worte aus dem Philipperbrief gehören für gewöhnlich ans Ende der Predigt. Lassen Sie uns jedoch heute eine Predigt lang darüber nachdenken: *Der Friede Gottes, der höher ist als alle Vernunft, bewahre eure Herzen und Sinne in Christus Jesus.* Ich spreche diesen Segensgruß sehr gern am Schluss meiner Predigt. Nachdem ich mir viele Gedanken gemacht habe und viele Worte gesprochen habe, hoffe ich, dass die Auslegung Menschen ansprechen möge und zum Wort Gottes an sie wird. Dafür kann ich nicht selbst einstehen.

Ich entlasse sie dann später als Zuhörer und Zuhörerinnen aus meiner Predigt und meinen Worten in den Frieden Gottes durch Jesus Christus, der höher ist als unsere Vernunft – eben auch höher als meine Gedanken, meine Überlegungen und die Gedanken anderer, auf die ich in meiner Predigt zurückgegriffen habe, die immer nur Stückwerk sind, doch der Friede, den Gott uns gewährt, ist vollständig, ungeteilt, ganz – kein Stückwerk.

„Friede bei den Menschen seines Wohlgefallens". So singen es die Engel bei den Hirten, und es ist wohl die erste Christusverkündigung – direkt aus dem Himmel: „Ehre sei Gott in der Höhe und Frieden auf Erden bei den Menschen seines Wohlgefallens." Mit den Menschen sind wir gemeint. Wir alle, die hier versammelt sind, die woanders auf der Welt versammelt sind zum Gottesdienst am Tag des Herrn, und die vielen, vielen Menschen draußen in der Welt. Allen Menschen gilt diese Verkündigung! Jede, jeder und alle sind gemeint!

Ja, der Friede Gottes ist ein hohes Gut. Nun, wir sind ja noch nicht am Ende der Predigt angekommen. Ich lade Sie erst einmal ein, mit mir die wenigen anderen Sätze des Predigttextes anzuschauen und über sie nachzudenken. Es sind heitere Sätze, die viel Sorglosigkeit und Entspanntsein ausstrahlen. Freuet euch in dem Herrn allewege, und abermals sage ich: Freuet euch! Worte – sehr geeignet zum Singen und vielfach vertont. Freude gesungen haben wir im Gottesdienst am letzten Sonntag und heute denken wir über die Freude nach.

Freuet euch in dem Herrn allewege, und abermals sage ich: Freuet euch! Eure Güte/Lindigkeit/Großherzigkeit lasst kund sein allen Menschen! Sorgt euch um nichts, sondern in allen Dingen lasst eure Bitten in Gebet und Flehen mit Danksagung vor Gott kundwerden!

Sorglos, entspannt redet Paulus die Gemeinde in Philippi an. Wie kann es dazu kommen? Wir erleben uns oft ganz anders und fragen, wie nur kann es zu solcher Sorglosigkeit kommen, wenn sie nicht einfach als naiv oder als harmlos oder als unbesonnen verstanden werden soll? Es gibt sie, die Menschen, die so veranlagt sind, dass sie eher sorglos und entspannt durch die Welt gehen.

Aber es gibt sie auch, die vielen, die auf der Suche nach Entspannung sind, sei es dass sie sich Wellness oder Fitness oder Meditationsangebote suchen und es gibt unendlich viele solcher Angebote. Es geht mir nicht darum, das skeptisch zu beäugen. Es kann uns helfen, uns gut und sehr gut tun, wenn die Muskeln entspannen, die Seele entspannt, der Kopf entspannt – durch Massage, angenehme Übungen, Bewegungen, durch Musik und Gerüche.

Wünschen wir uns das auch vom Glauben, dass er zum eigenen Wohlbefinden beiträgt, zur Entspannung und seelischer Erbauung und zu unserem Glück? Dürfen wir uns das wünschen? Selbst unser Grundgesetz schützt den Sonntag und die Feiertage als Tage der Arbeitsruhe und der seelischen Erhebung. In der amerikanischen Verfassung ist eins der Grundrechte das Streben nach Glückseligkeit.

Der Glaube tut gut, er hilft mir. Er gehört zu meinem Glück, er ist mein Glück. So sagen es Christen und Christinnen. Gewiss muss man vorsichtig sein, wenn man meint, beweisen zu müssen und es auch zu können, dass Christen gesünder leben und länger leben, dass Menschen, die regelmäßig beten und in den Gottesdienst gehen, zufriedenere Menschen sind als andere. Immer wieder gibt es solche Untersuchungen, die in Zeitschriften veröffentlicht werden. Man sollte skeptisch sein.

Wollen das diese wenigen Sätze des Paulus aus dem Brief an die Gemeinde in Philippi und können sie das zu unserem Wohlbefinden, unserer Glückseligkeit oder seelischen Erhebung beitragen? Hat Paulus Ähnliches im Sinn, wenn er sagt „Freuet euch im Herrn allewege und abermals sage ich: Freuet euch!"? Was unterscheidet die Sorglosigkeit, von der Paulus spricht, von einem Wohlfühlerlebnis? So könnten wir fragen.

Gewiss, man kann Paulus aber auch anders hören und sich darüber ärgern. Nämlich so, als ob Freude verordnet, befohlen, gar gefordert werden könnte. Ein Befehl, ein Imperativ: Freut euch, sorgt euch um nichts … freut euch einfach. Vertraut Gott, dann wird schon alles gut. Und da bäumt sich etwas auf in uns, vor allem bei einem Menschen, in dem alles klagt und schreit und sich innerlich aufbäumt. Diesem Menschen sollten wir nicht sagen: Sorg dich doch nicht, vertrau nur Gott.

So einfach gesagt, ist es höhnisch, weil es die Sorgen dieses Menschen nicht ernst nimmt. Und doch: Es gibt sie auch, die Christen und Christinnen, die von einem ganz tiefen Gottesglauben geprägt sind und sorglos mit ihrem Gott leben und mit beiden Beinen mitten im Leben stehen. Aber nicht alle sind damit ausgestattet.

Hören wir den Satz ganz: „Sorgt euch um nichts, sondern in allen Dingen lasst eure Bitten in Gebet und Flehen mit Danksagung vor Gott kund werden!" Lasst eure Sorgen rauskommen aus eurem Innersten, indem ihr sie zu Gott klagt, ihn bittet, ihm dankt und zu ihm fleht. Fresst sie nicht in euch hinein, dass sie sich im Inneren verkapseln und sehr schwer im Magen liegen. Verschließt sie nicht in euch. Gebt sie ab in den weiten Raum, den Gott für euch geschaffen hat. Das Sorgen wird eng verkoppelt mit dem Beten.

Aber wenn das so einfach wäre, mag mancher jetzt denken. Wenn das so automatisch ginge: Bete und du bist die Sorgen los, besonders die Sorge um dich selbst und dein Leben. Ein Theologe hat das in einem Satz trefflich ausgedrückt. „Sorgen und Beten streiten heftiger widereinander als Wasser und Feuer. Eines geht gegen das andere an, eines geht am anderen zugrunde." (Bengel)

Im Gebet kann sich Sorglosigkeit einstellen. Wir sprechen uns selbst, unsere Vergangenheit und Zukunft, ins Offene hinaus. Wir sprechen uns vor und zu Gott aus, dann kann das, was in uns arbeitet, uns innerlich bedrängt und bewegt, sich ins Offene zu Gott hin bewegen. Karl Barth sagt es ganz einfach: Wir sprechen uns ins Freie. Betend halten wir uns mit unseren Sorgen gegen das Licht.

„Sorget euch nicht, sorgt nicht! Freuet euch, freuet euch!" ist nicht einfach eine Aufforderung, sich doch nur bloß zu freuen und sich nicht zu sorgen. Sie ist gebunden an das, was uns hier zugesagt, verheißen wird: Der Herr ist nahe. Der Herr ist nahe. Nicht der Herr kommt, das wir heute am vierten Advent dann ganz schnell übersetzen in: In wenigen Tagen ist Weihnachten.

Er ist ja bereits gekommen und wir feiern dieses Gekommensein Jesu und die Erwartung seines Kommens jedes Jahr wieder neu. Der Herr ist ja schon gekommen vor 2000 Jahren. Gott ist Mensch geworden in seinem Sohn. Und eben dieser Herr ist nahe, uns nahe, hier und jetzt, an diesem Ort und in dieser Zeit.

Er ist uns nahe, er gibt uns den Raum, in dem wir uns mit ihm aufhalten und uns mit ihm freuen können, einen Raum und eine Zeit der Sorglosigkeit. Der Raum und die Zeit, in der wir unsere Sorgen fahren lassen können, sie stattdessen vor Gott bringen, wenn wir beten, danken, bitten und unsere Sorgen zu ihm hin flehen.

Der Herr ist uns nahe. Der Herr ist uns nahe. Das ist der Grund der Freude. Der Herr ist uns nahe hier und jetzt und freut sich an uns. Der Engel in der Weihnachtsgeschichte sagt es so: „Ich verkündige euch große Freude, die allem Volk widerfahren wird, denn euch ist heute der

Heiland geboren, welcher ist Christus, der Herr in der Stadt Davids." Die erste Christusverkündigung kommt direkt aus dem Himmel!

Der Herr ist nahe, er holt uns in den Raum und die Zeit seiner Freude – heute Morgen. Gott, der Mensch geworden ist in seinem Sohn Jesus Christus, hat Freude an uns. Wir sind für ihn der Grund der Freude, die Menschen seines Wohlgefallens. Das hören wir vom Chor der Engel: „Ehre sei Gott in der Höhe und Friede auf Erden bei den Menschen seines Wohlgefallens."

Die Menschen seines Wohlgefallens zu sein, wir hier drinnen und die vielen Menschen auf der Welt, das ehrt uns – und das unverdient! Das zeichnet uns aus! Da lässt es sich gut leben. Da können wir es uns gut gehen lassen. Freuet euch in dem Herrn allewege. Jesus erfreut sich an uns, den Menschen seines Wohlgefallens und wir erfreuen uns an ihm.

Gott hat Freude an uns, seinen von ihm geschaffenen Geschöpfen. Auf sie will er sich mit Haut und Haaren immer wieder neu einlassen, ihnen nahe kommen und nahe sein. Sie befreien von der Selbstsorge.

Hat es schon einmal jemand zu Ihnen gesagt? Ich habe Freude an dir! Haben Sie es schon einmal zu jemandem gesagt: Ich erfreue mich an dir? Ist das nicht peinlich, gar albern! Läuft das nicht quer zu all dem, wie wir miteinander umgehen, was die gesellschaftlichen Konventionen sind. Oder sollten wir das nicht doch öfter zueinander sagen, auch wenn wir die Welt damit ein wenig durcheinander bringen? „Verkehrte Welt", sagen Kinder gerne und machen daraus ein Spiel.

Es würde eine Menge im Miteinander verändern, wenn wir uns aneinander erfreuen könnten, Eltern an ihren Kindern und Kinder an ihren Eltern, Chefs an Lehrlingen, Lehrer an Schülern oder gar Schüler an Lehrern, der Mesner am Pfarrer und der Pfarrer am Mesner, der Kunde an der Verkäuferin an der Kasse und die Verkäuferin an dem Kunden …

Gewiss, es ist ja schon viel, sehr viel, wenn wir uns freundlich, wohlwollend anblicken und uns nicht nur gegenseitig respektieren und uns nichts Böses antun. Das ist schon sehr viel, wenn wir das im Miteinanderleben erreichen.

Die Gütigkeit, die Lindigkeit, von der Paulus spricht, ist noch ein Kick mehr. Das griechische Wort kann man im Deutschen mit Großherzigkeit übersetzen. Seid großherzig zu allen Menschen. Gütigkeit, Lindigkeit, Großherzigkeit entspringen der Freude, ein kleiner Überschuss an Liebe vielleicht, an Freundlichkeit, an Wohlwollen! … „Eure Güte lasst kundsein allen Menschen!"

Freuet euch. Erfreut euch an Christus und erfreut euch aneinander. Anlässe, sich zu freuen, gibt es genug. Fragt einmal nicht nach den Gründen, für die Freude. Erfreut euch grundlos an jemandem. Gelingt uns das auch oder kann das nur Gott oder Christus? Ein Theologe hat es so gesagt: „Sich selber freuen zu können, das ist ein Glück: ein Glück, das uns hoffentlich nicht zu selten zuteil wird. Für andere Menschen ein Anlass zur Freude zu sein, das ist schon mehr als nur Glück. Jedoch für Gott ein Anlass zur Freude zu sein, das ist Seligkeit." (E. Jüngel)

Freut euch – fühlt euch wohl! Fühlt euch frei. Der Herr ist nahe. Ich entlasse Sie aus der Predigt mit den Worten des Paulus an die Gemeinde: Der Friede Gottes, der höher ist als unsere Vernunft, der bewahre unsere Herzen und Sinne in Christus Jesus. Amen.

❯ Fürbittgebet

Wir bitten Dich für uns, lieber Vater, dass Du uns Sorglosigkeit schenkst, wenn wir uns grämen und sorgen – im Vertrauen auf Dich.

Wir bitten Dich um Freude und Selbstvergessenheit da, wo uns die Sorge um uns selbst fesselt und unfrei macht.

Lass uns beständig werden im Beten und lass uns frei und gütig sein. Wir bitten Dich um Deinen Frieden und um Frieden in der Welt zwischen den Völkern. Amen.

❯ Segen

2.2 Das Vaterunser

❯ Begrüßung und Hinführung

Ich begrüße Sie heute Morgen zu einem Gottesdienst über Kommunikation, ja: aber nicht über Handys und Computer, sondern über etwas viel Persönlicheres: Reden. Reden mit Gott. Unser Thema ist das Beten.

❯ Kollektengebet

Danke, lieber Vater im Himmel, dass wir keine Umwege gehen müssen, um zu Dir zu kommen. Dass wir direkt zu Dir kommen und zu dir sprechen können. Danke, dass Du uns die Sprache geschenkt hast, dass wir uns miteinander verständigen können, dass wir uns ausdrücken können. Dass wir das in Worte fassen können, was wir sehen, riechen, fühlen und denken. Danke, lieber Vater, dass wir Dich direkt anreden können und dafür Worte haben. Danke, dass wir beten können. Dank, dass wir Ohren haben, um Dein Wort hören zu können. Herr, höre meine Stimme. Segne du diesen Gottesdienst. Amen.

❯ Predigt zum Text Mt 6,5–14

Liebe Gemeinde,

Jesus belehrt seine Jünger über das rechte Beten. Vielleicht wundert das, weil man denkt, dass diese das doch eigentlich wissen müssten. Aber viele Menschen, und vielleicht gehören Sie auch dazu, haben sich schon manchmal in ihrem Leben gefragt, wie man eigentlich richtig betet und beten soll. Da fängt man an zu beten und schon irren die Gedanken ab oder man wird geschwätzig. Auch der fromme und gelehrte Paulus sagt es im Brief an die Gemeinde in Rom im achten Kapitel so: „Denn wir wissen nicht, was wir beten sollen, wie sich's gebührt …" Er spricht dann weiter vom Geist Gottes, der uns vor Gott vertritt, wenn wir daher stottern oder überhaupt keine Worte finden oder nur noch seufzen.

Und vielleicht fragen Sie ja auch so, wie ich das manchmal von Studierenden höre, was einem denn das Beten persönlich bringt, wozu Gott denn überhaupt fähig ist, wenn wir ihn um etwas bitten. Macht beten Sinn? So lautet ein Buchtitel.

Wie oft schon haben wir das Vaterunser gebetet und werden es gleich wieder wie jeden Sonntag gemeinsam nach den Fürbitten beten. Dieses kurze, in wenigen Sätzen prägnant gefasste Gebet fasziniert mich immer wieder: es umspannt den ganzen Kosmos: Himmel und Erde, die Zeit bis in die Ewigkeit hinein und spricht doch so konkret, wenn es heißt: unser tägliches Brot gib uns heute und wenn hier Gott so vertrauensvoll angesprochen wird: *Unser* Vater!

Und es ist politisch: von nichts geringerem als vom Reich Gottes ist die Rede und von seinem Willen. Wenn wir es miteinander beten, dann sind wir es, die miteinander in einer weltlichen Ordnung und unter einer bestimmten Regierung leben, die weltliche Gesetze macht. Mitten drin beten wir sonntäglich zu unserem Herrn – das Herrengebet –: *dein* Reich komme und *dein* Wille geschehe wie im Himmel so auf Erden. Das ist gewaltig.

Wir finden diese Worte Jesu in der Bergpredigt. Gewiss könnte ich mit den historisch arbeitenden Theologen des

Neuen Testaments danach fragen, ob das Gebet überhaupt zuerst in der Gemeinde gesprochen worden ist und dann auf Jesus zurückgeführt worden ist. Aber ich will einen anderen Weg gehen: Stellen wir es uns ruhig so vor: Jesus sitzt auf dem Berg der Seligpreisungen am See Genezareth und spricht zu den Jüngern und vielleicht auch zu denen vom Volk, die mit dabei waren, mal die und mal jene, die manche Worte aufgeschnappt haben, oder die ihnen auch zu Herzen gegangen sind.

Die Seligpreisungen (Beispiel: Selig sind die Friedfertigen, denn sie werden Gottes Kinder heißen.) leiten die Bergpredigt ein, und dieser Berg wird von uns danach benannt: Berg der Seligpreisungen. Im Lukasevangelium heißt diese dort sehr viel kürzer gehaltene Rede die Feldrede.

Und die, die den Berg der Seligpreisungen einmal besucht haben, werden sich gewiss an den herrlichen Blick auf den See Genezareth erinnern. Doch die schöne Umgebung, das schöne Setting können nicht verdecken, dass die Bergpredigt für uns Christen und Christinnen für die Gemeinde Jesu provozierende Sätze enthält, wie diese strikten Weisungen: Liebet eure Feinde! Oder: Ihr sollt nicht die Ehe brechen! Oder: Ihr seid das Salz der Erde! Oder: Ihr seid das Licht der Welt! Lasst euer Licht leuchten, damit die Menschen eure guten Werke sehen und euren Vater im Himmel preisen.

In der Bergpredigt wird die Ethik Jesu zur Sprache gebracht. Und inmitten dieser Ethik stehen die Sätze Jesu über das Beten, weil das Beten ganz eng mit der Ethik zusammengehört, nicht einfach nur in den persönlichen Bereich des Spirituellen, der persönlichen Frömmigkeit.

Provoziert Jesus aber nicht gewaltig? Lehnt er das persönliche Gebet, das vertraute, innige Gespräch mit Gott gar ab und setzt an diese Stelle das Vaterunser, setzt es gar autoritativ ein: Nur so sollt ihr beten! So fragen sich vielleicht auch kirchenfremde Menschen im Gottesdienst, ob das Vaterunser ein kirchlich verordnetes liturgisches Stück des Gottesdienstes ist.

Das Herrengebet gehört mit zu den wichtigsten Worten, die von Jesus überliefert sind und die wir auch gebrauchen können, wenn uns im persönlichen Gebet keine Worte einfallen, das Gebet des Herrn.

Auch Jesus hat ganz persönlich zu seinem Vater gebetet, den er innig Abba, das heißt Väterchen, nennt. Dazu hat er sich in die Einsamkeit zurückgezogen, er hat inniglich zu Gott gebetet, er hat zu Gott gefleht und geklagt. Wohl die stärksten Worte, die er im Garten Gethsemane gebetet hat, sind uns als Schriftzeugnis überliefert. Dem Sinn nach lauten sie so: „Warum, Vater, soll ich sterben? Welchen Sinn macht mein Sterben?"

Das vertrauensvolle persönliche Gebet wird von Jesus nicht abgewertet, aber es gehört in den privaten Raum. „Wenn *du* aber betest, so geh in *dein* Kämmerlein." Es ist ganz persönlich und es gehört ins stille Kämmerlein. Diese Redewendung vom stillen Kämmerlein ist wahrscheinlich von der Lutherübersetzung der Bibel her in unsere Alltagssprache gekommen und sie macht einen guten Sinn.

Ein wunderschönes anrührendes Beispiel für das persönliche Beten und den Unterschied zwischen dem persönlichen und dem gemeinschaftlichen, öffentlichen Gebet finden wir im AT im 1. Buch Samuel. Die Geschichte der

Hannah, die von ihrem Mann innig geliebte Frau, ist todunglücklich darüber, dass sie unfruchtbar ist und dass die zweite Frau ihres Mannes ein Kind zur Welt bringt. Sie betet zwar öffentlich im Tempel – aber kein Wort kommt über ihre Lippen. In ihrem Herzen redet sie zu Gott, lange und innig, aber äußerlich bewegt sie die Lippen nur stumm. Keiner hört ein Wort. Der Priester hält sie für ein betrunkenes Weib und stellt sie zur Rede. Hannah sagt zu ihm: „Du wolltest deine Magd nicht für ein zuchtloses Weib halten, denn ich hab aus meinem großen Kummer und Herzeleid so lange geredet."

Liebe Gemeinde, wir Menschen sagen vieles zu Gott, als Stoßgebet, als Hilferuf, als Gedanken, als Sätze und manchmal erzählen Menschen Gott „lange Romane", so würde das der Betrachter von außen sagen. Aber sie schütten einfach ihr Herz vor Gott aus so wie Hannah. Und Gott wird wohl eine unermessliche Geduld mit uns haben. Ich erinnere mich, während ich das aufschreibe, an Kinderzeichnungen. Kinder haben Gott mit riesengroßen Ohren gemalt.

Der brasilianische Dichter Armindo Trevisan beginnt mit diesen Worten ein Gedicht: „Wie oft sprechen wir zu dir und sprechen nur mit uns selbst. Wir verstreuen Wörter, die die Engel sammeln und dir zu Füßen legen." Was wir Menschen uns so alles wünschen können … die Erwachsenen vielleicht nicht weniger als die Kinder oder gar noch mehr … Was tut Gott mit alledem, mit den vielen, vielen Wünschen seiner Menschenkinder?

Der Dichter drückt es so aus: Gott lächelt über unseren Wahn, vielleicht ja über das, was wir alles für uns wollen und wichtig halten. Sehr wohl aber freut sich Gott, dass Menschen sich ihm anvertrauen mit ihrem Kummer und mit ihrer Freude. So ist Gott dem Herzen seiner Kinder nahe.

Im Matthäusevangelium geht es dann aber ein wenig strenger zu. Dort hören wir es so: „Gott weiß, was ihr bedürft, bevor ihr ihn bittet ...“ Gewiss können wir fragen, warum wir dann überhaupt bitten sollen, wenn Gott schon alles weiß und sieht. Diese Frage wollen wir erst mal noch ein wenig im Raum stehen lassen.

Jesus lenkt den Blick der Jünger auf die notwendigen Dinge, auf das, was wir dringend zum Leben brauchen, nicht nur jeder für sich persönlich, sondern alle miteinander, damit das Zusammenleben seiner Menschenkinder gelingt. Vielleicht würden wir andere Dinge nennen, wenn wir danach gefragt würden, welches die wichtigsten Dinge sind, die Menschen brauchen, nicht nur für sich allein, sondern miteinander. Das wäre eine Idee für eine Umfrage unter Konfirmanden und Konfirmandinnen.

Dieser eine Satz fasziniert mich selbst am meisten, weil er ganz große und wichtige Dinge zusammenbringt. Vielleicht sind es die *wichtigsten* Dinge, die jeder für sich und die wir für das Miteinanderleben brauchen: „Unser tägliches Brot gib uns heute und vergib uns unsere Schuld wie auch wir vergeben unseren Schuldigern.“

Darum bitten weltweit im Gottesdienst die unterschiedlichsten Menschen und Völker. Menschen im Gefängnis und Nonnen im Kloster: Vergib uns unsere Schuld. Darum bitten weltweit im Gottesdienst die unterschiedlichsten Menschen und Völker, die Armen im Sudan und die Reichen in unserem Land: Unser tägliches Brot gib uns heute. Darum bitten weltweit im Gottesdienst die unterschiedlichsten Menschen und Völker, Opfer von Gewaltverbrechen und jugendliche Arbeitslose: Wie auch wir vergeben unseren Schuldigern.

In dieser Bitte wird die Welt nicht einfach eingeteilt in Arme und Reiche, in Schuldige und Harmlose, in Opfer und Täter. Hier sind es alle die Menschenkinder Gottes, die miteinander bitten, weil sie dies notwendig zum Leben brauchen und es dankbar von Gott empfangen. Wie das Essen und Trinken so auch die Vergebung durch Gott und durch Menschen.

Von Kritikern wird der Verkündigung der chrsitlichen Botschaft mitunter vorgeworfen – und dies manchmal etwas hochnäsig –, dass sie zu viel von Sünde und Schuld redet und Menschen gleich zu Sündern macht, ohne dass diese überhaupt eine Ahnung davon haben, was sie denn angestellt haben. Dass wir im Gottesdienst gleich zu Beginn das Sündenbekenntnis beten. Ich habe schon mit vielen Menschen darüber diskutiert. Ob es unbedingt an dieser Stelle sein muss, kann ich nicht beurteilen. Aber wir beten es einfach als Gebet, ohne dass wir dabei ein Sündenbewusstsein haben müssten oder uns darum bemühen müssten.

Aber andererseits haben nachdenkende kluge Menschen, die keine Christen und Theologen sind, immer wieder drauf hingewiesen, wie sehr wir Menschen das Befreitwerden von Schuld brauchen für das Zusammenleben in eine offene, unbelastete Zukunft hinein. Mich hat die jüdische Philosophin Hannah Arendt da vor Jahren wieder auf die Spur gebracht und mich theologische Schätze wiederentdecken lassen. Sie sagt, dass wir ganz lebensnotwendig brauchen, dass wir uns gegenseitig verzeihen und dass wir uns etwas für die Zukunft versprechen. Dass uns

Schuld nicht verfolgt – persönlich und in Freundschafts-
geschichten, in Familiengeschichten, in den Geschichten
eines Volkes, unseres Volkes.

Es geht Gott nicht darum, dass wir erkennen sollen, was
wir für schlechte Menschen sind und dass wir seine Vergebung brauchen. Nein, er will Vergebung stiften, damit wir mit ihm und miteinander gut klar kommen, dass
nichts die Beziehung zu Gott und untereinander blockiert,
versperrt – wo wir selbst oft genug blockiert sind. Gott
will durch sein vergebendes Wort neu anfangen lassen.
Gott stiftet Vergebung und Neuanfang, gewiss auch ohne
dass wir darum bitten.

Gott wirkt in unserem Leben und in der allgemeinen Geschichte und in seiner Kirche auf seine verborgene Weise
und ermöglicht es, weiterzuleben, dass das Alte und Ver-
gangene nicht mehr absolut unsere Zukunft bestimmt, dass
wir vergessen und neu sehen dürfen und immer wieder
neu miteinander anfangen können, manchmal einfach nur
weiterleben trotz schlimmer und schuldhafter Ereignisse.

Gott wirkt auch ohne unser Bitten. Aber Gott *möchte,* dass
wir ihn bitten, ihn anrufen, dass wir uns an ihn wenden
mit unseren Bitten, dass wir ihn bei seinen Namen heiligen, indem wir ihn anrufen: Vater unser im Himmel,
geheiligt werde dein Name. Dass wir Gott die Ehre geben mitten in unserer Welt mit unseren Bitten und Christus als unseren Herrn anrufen und ihn Herrn sein lassen.
Gott will gebetet sein! Rufe mich an in der Not ... Betet
ohne Unterlass ... so heißt es in der Bibel!

Gewiss mögen wir dem Beten manchen guten Sinn verleihen: Es macht mich ruhiger. Es gibt mir Trost. Es macht

mich glaubensgewiss. Es nimmt mir die Einsamkeit. Ich halte mich an feste Gebetszeiten, das gibt meinem Tag eine Ordnung und einen Sinn. Da fallen ihnen gewiss noch viele gute Dinge ein.

Das *Vaterunser* ist das Gebet der weltweiten Kirche. Es verbindet uns untereinander zu der einen Kirche, wenn wir gemeinsam mit den Worten Jesu seinen und unseren Vater im Himmel anrufen – solange bis sein Reich des Friedens, der Liebe und Gerechtigkeit in Vollkommenheit kommen wird. Der Friede Gottes, der höher ist als unsere Vernunft, der bewahre unsere Herzen und Sinne in Christus Jesus. Amen.

❯   Fürbittgebet

Vater unser im Himmel, wir bitten für uns. Stärke unseren Glauben und lass uns nicht müde werden, zu Dir zu beten.

Wir bitten für die, denen das Beten schwer fällt oder die zu schwach sind zum Beten. Wir betend stellvertretend für sie.

Wir bitten für die Menschen in unserer Gemeinde, die krank sind, die großes Leid haben, die dem Sterben nahe sind. Stärke sie, dass sie nicht ohne Hoffnung bleiben.

Wir bitten für die Menschen, die in Krieg, Elend und Hunger leben müssen und angesichts deren Not unser Wünschen und Bitten für sie so erbärmlich klein ist. Lass uns alle und besonders auch die Verantwortlichen dazu beitragen, dass das Elend weniger wird, bis dein Reich kommt. Amen.

❯   Segen

2.3 Mit Leidenschaft Fürbitte halten

❭ Begrüßung und Hinführung

Liebe Gemeinde, wie schön, dass Sie da sind! Aber fragen wir uns ehrlich: Mit wie viel Feuer, wie viel Macht hat es uns hierhergezogen? Wenn irgendetwas uns aufgehalten hätte – wie viel Leidenschaft hätten wir darauf verwendet, das Hindernis aus dem Weg zu räumen? – Ich will niemanden in Verlegenheit bringen mit meiner Frage, sondern ich will das Thema des Gottesdienstes präsentieren: Leidenschaft. Leidenschaft im Ringen mit Gott. Sprechen wir über die Macht des Betens.

❭ Kollektengebet

Wir loben Dich, unser Vater im Himmel und auf Erden. Du hast uns bis heute erhalten und willst uns treu bleiben in unserem Leben. Darum bitten wir Dich. Komm, Herr, und sende Deinen Geist, dass wir Dich recht loben und zu Dir beten, Dein Wort hören und es in uns wirken lassen. Stärke unseren Glauben, unser Vertrauen in Dich. Amen.

❭ Predigt zum Text 2 Mose 32,7–14

Liebe Gemeinde,

was wäre, wenn ich Sie so direkt fragen würde: Wie haben Sie vorhin den letzten Satz gehört: „Da gereute den Herrn das Unheil, das er seinem Volk zugedacht hatte"? Kann Gott Unheil wollen? Kann Gott etwas gereuen? Ist das der Gott, zu dem wir beten – der uns bekannte und uns so vertraute Gott? Ich selbst bin beim Meditieren des Textes hier gestolpert. Doch lassen Sie mich ein wenig bescheidener anfangen mit dem Nachdenken über den Predigttext.

Wie können wir uns Gott vorstellen? Wie sollen wir uns Gott vorstellen? Welches Bild von Gott haben wir? So fragen nicht nur Kinder im Religionsunterricht oder werden von Lehrern und Lehrerinnen angehalten, so zu fragen, die es wiederum lernen, Kinder so fragen zu lassen: nach Gott im Leben fragen, die Gottesfrage stellen.

Schüler und Schülerinnen sollen zunächst einmal aus der Distanz heraus angeregt werden, nach Gott zu fragen, sich Gott vorzustellen. Interesse aufzubringen, vielleicht kann man sogar sagen: mit dem Gottesgedanken spielen, experimentieren. Wenn es Gott gäbe, dann wäre das so und so, dann müsste Gott das und das tun, dann würde die Welt anders aussehen. *Tun wir doch mal so, als ob es ihn gäbe.* Vielleicht kommt es später aus dieser Distanz ja zur Nähe, gar zum Glauben der Kinder. Das ist manchmal die unterschwellige Hoffnung oder aber ist direkt angestrebt.

Ich erinnere mich an eine Stunde im Konfirmandenunterricht, in der ein Student der Religionspädagogik mit den Jugendlichen über den biblischen Jona sprechen wollte. Zunächst aber hat er den Unterricht mit solchen Gottes-Fragen begonnen. Die Jugendlichen waren eher gelangweilt und die Stunde fing sehr zäh an und das Gespräch zog sich in die Länge. Doch nachdem sie gemeinsam einen biblischen Text gelesen hatten, haben sie sehr lebhaft diskutiert, über Gott geredet: Wie verhält sich Gott? Warum tut er das? Ist das gerecht?

Der Student war nicht vorbereitet auf diese Fragen, er war ziemlich irritiert und die Unterrichtsstunde war dann leider oder auch, Gott sei dank, zu kurz.

Die Konfirmanden, so könnte man sagen, wollten Gott agieren sehen in der Geschichte mit Jona. Sie ließen sich in diese Geschichte hineinziehen. Gott als Protagonist, als Hauptakteur neben Jona und den anderen, war in der biblischen Geschichte aufgetreten – so wie hier in unserem Predigttext Gott als lebhafter und leidenschaftlicher Hauptakteur die Bühne betritt und mit Mose verhandelt.

Mose ist der zweite Hauptakteur, nicht minder lebhaft und leidenschaftlich, wie er versucht Gottes Verzeihen und neues Wohlwollen für das sündige Volk zu erbitten, zu erkämpfen. Er bedrängt Gott – Mose, der von Gott erwählte Führer, der dem Herzen Gottes sehr nahe stand, Zutritt zu Gott hatte – wie niemand sonst. So wie wir es aus dem Neuen Testament von Jesus kennen und hören, dass er dem Herzen seines Vaters sehr nahe stand.

Am Ende der fünf Bücher Mose heißt es von Mose, dass nach ihm kein Prophet war in Israel, den der Herr erkannt hätte von Angesicht zu Angesicht. Mose redet mit Gott wie ein Freund von Angesicht zu Angesicht. Er muss sich Gott nicht vorsichtig aus der Distanz nähern.

Worüber verhandelt Mose mit Gott? Was war geschehen? Gott informiert Moses zunächst einmal darüber, was dieser noch nicht sehen kann, weil er Wochen auf dem Berg im Gespräch mit Gott und im Empfangen der vielen Vorschriften und Gesetze und der zehn Gebote, die für das Zusammenleben und die Ausübung des Jahweglaubens, des Gottesglaubens, so wichtig werden sollten, verbracht hat. Gott berichtet Mose, was sich unten bei seinem Volk ereignet, er berichtet vom Tanz um das goldene Kalb – gebildet aus dem Gold der Ohrringe, so erzählt es der vorhergehende Text. Ein Bild von Gott, das sich die Menschen nach eigenen Vorstellungen und mit eigenem kostbaren Material gebildet hatten.

Ein Gott – ins Bild gefasst, das anzuschauen und anzufassen ist. Ein Gott – ins Bild gefasst, den sie vor sich her tragen können und an das sie sich halten können. Ein Gott im Bild, den sie verehren können, den sie feiern können und der sie ausgelassen sein lässt und von dem sie sagen: Das ist unser Gott! Ein Gott im Bild, der ihnen nicht in die Quere kommen kann.

Das spielt sich beim Volk ab, während Mose die Tafeln der 10 Gebote in den Händen hält, und auf denen zu lesen ist: „Du sollst keine anderen Götter haben neben mir, du sollst dir kein Bildnis machen noch irgendein Gleichnis von dem, was oben im Himmel noch von dem, was unten auf Erden ist, noch von dem, was im Wasser unter der Erde ist."

Gott sieht, bevor Mose sehen kann. Was hat Gott vor? Will er den Bund, den er mit ihnen geschlossen hat, tatsächlich einfach beenden, sie vom Erdboden verschwinden lassen? Es scheint auf Messers Schneide zu stehen. Gott ist zornentbrannt, eifersüchtig, empört über das Treiben des Volkes, dass sie ihn so schnell aufgegeben haben, vielleicht zu ungeduldig waren, um immer wieder auf das Wort Gottes zu warten, das sie nicht einmal selbst hören konnten, sondern das ihnen durch den Mund des Mose vermittelt wurde.

Gewiss haben sie immer wieder einfach daran gezweifelt, dass es diesen Gott überhaupt gibt, besonders wenn sie im Elend saßen und keine Hoffnung hatten. Wahrlich kein einfacher Weg, den Gott sie führte. Kein einfacher Weg für das Volk Israel aus der Sklaverei in Ägypten, von dem die Bibel berichtet.

Gott teilt Mose seine Gedanken mit und so bekommen wir Einblick in das, was Gott über das schändliche, abtrünnige Tun seines Volkes denkt. Soll er sich noch mit diesem Volk abgeben? Ist es nicht besser, aus Mose, dem Berufenen, der sein Freund ist, der auf seine Worte hört, ein großes Volk zu machen. Auf diesen Mose ist Verlass. Mit ihm noch einmal ganz neu anfangen – in der Hoffnung, dass es besser wird mit seinen Menschen. Der Text lässt uns annehmen, dass Gott tatsächlich in Gedanken versucht ist.

Nun, Mose könnte eitel gerührt sein: Ich? Aus mir? Aber ganz das Gegenteil ist der Fall: Mose fleht Gott an, er tritt vehement, leidenschaftlich für sein Volk vor Gott ein. Er hält eine lange Rede vor Gott, die in etwa so beginnt: *Nun Gott, hör Du mir zu: Warum will dein Zorn entbrennen über dein Volk, das du mit großer Kraft und starker Hand aus Ägyptenland geführt hast? Was sollen die Ägypter sagen, wenn Du dein Volk im Stich lässt, es aufgibst?* Mose erinnert Gott an sein Versprechen, seine Verheißung an Abraham, aus seinen Nachkommen ein großes Volk zu machen. Mose packt Gott bei seinen Versprechungen. Er schüttelt ihn durch und durch, so darf man es ja vielleicht sagen.

Und Gott? Er lässt sich berühren durch seine Rede, er lässt sich umstimmen – wahrlich, das Volk hatte seinen Fürsprecher bei Gott in Mose. So wie Christen und Christinnen ihren Fürsprecher bei Gott in Jesus Christus haben. Aber Mose ist ebenso wie Jesus auch der, der im Auftrag Gottes zum Volk redet, manchmal heftig und laut. So wird er wenig später zu seinem Volk reden und wutentbrannt die beiden Tafeln mit den Gesetzen zertrümmern.

Der biblische Text malt uns die kontrastreichen Szenen deutlich vor Augen. Fast gleichzeitig scheint sich das alles abzuspielen, wenn auch an verschiedenen Orten. Der Unterschied könnte wohl nicht größer sein: das feiernde Volk um das goldene Kalb und auf dem Berg das vertraute und leidenschaftliche Zwiegespräch zwischen Gott und Mose. Hier das Wort und da das Bild. Tröstlich, dass es Mose gelingt, das Herz Gottes zu erweichen, ihn umzustimmen.

Liebe Gemeinde, ich möchte hier noch einmal kurz den Religionsunterricht einblenden. Der „Tanz um das goldene Kalb" ist als Metapher in unsere Alltagssprache eingegangen, er ist auch ein dankbares, weil anschauliches Thema im Religionsunterricht. Die Schüler und Schülerinnen werden angeregt, darüber nachzudenken, ob es Dinge in ihrem Leben oder in der Gesellschaft gibt, die so etwas wie ein goldenes Kalb sein könnten. Dinge, die ihnen sehr viel bedeuten, die sie verehren, an die sie ihr Herz hängen …

Dabei wird gern an Martin Luther erinnert: *Woran du dein Herz hängst, das ist dein Gott.* Es mag manches von dem, was Schüler sagen, ein wenig banal klingen, wenn man diese dramatische Geschichte im Ohr hat. Geht es doch hier um alles oder Nichts, um Sein oder Nichtsein. Geht es doch um Gott oder das Bild, das wir uns von Gott machen.

Geht es doch um Liebe und Eifersucht. Geht es doch darum, dass der lebendige Gott uns treu bleibt und dass wir ihm Raum geben, dass er an uns handeln kann. Es ist nicht alles gleich gültig nebeneinander. Es geht um etwas Bestimmtes.

Es geht darum, dem lebendigen Gott die Ehre geben, zu ihm zu beten, Gott unseren Gott sein zu lassen, ihn an uns handeln zu lassen, auch wenn die Wege, die Gott führt, nicht immer leicht sind und an ihm zweifeln lassen. Wege, die Gott führt, obwohl wir uns für uns selbst ganz andere Wege ausgedacht haben, uns insgeheim oder ganz offen andere Weg gewünscht haben. Daran kann tröstlich ein Vers aus dem Buch des Propheten Jesaja erinnern „Denn meine Gedanken sind nicht eure Gedanken, und eure Wege sind nicht meine Wege, spricht der Herr, sondern so hoch der Himmel über der Erde ist, so viel sind meine Wege höher als eure Wege und meine Gedanken höher als eure Gedanken." (Jes 55,7–8)

Es geht um das Bestimmte, Gott die Ehre zu geben, Vertrauen zu gewinnen und um seine Nähe zu bitten – zu beten, nicht aber um die Kultivierung von Gottesbildern.

Ein aufregendes Beispiel für das Reden mit Gott hatte die Bibel heute für uns parat: Dieses Gebet ist ein leidenschaftliches Gebet, ein Gespräch mit Gott – so wie manche unserer persönlichen Gebete vielleicht auch leidenschaftlich sind, wenn sie aus arger Verzweiflung heraus gesprochen sind. Und oftmals brauchen wir gewiss einen Fürsprecher bei Gott, wenn wir selbst keine Worte finden, wenn wir abgelenkt sind und anderes zu tun haben als Gott die Ehre zu geben, wenn wir gottvergessen unsere Wege allein gehen und diese Wege oft schwer zu gehen sind. Auf diesen Fürsprecher ist Verlass.

Der Friede Gottes, der höher ist als unsere Vernunft, der bewahre unsere Herzen und Sinne in Christus Jesus. Amen.

❯ **Lied: Suchet zuerst Gottes Reich in dieser Welt, 182,1–6,9**

❯ **Fürbittgebet**

Vater im Himmel, Herr Jesus Christus, wir bitten für uns, dass wir Deinem Wort trauen und dich auf unserem Lebensweg an uns wirken lassen.

Wir bitten für die Menschen, die ängstlich, zögerlich und zweifelnd ihren Lebensweg gehen und nach Sinn fragen. Sei du ihnen nahe und stärke ihren Glauben. Dass sie glauben können, dass es Dein Weg ist, den Du für sie bereitet hast. Lass sie andere Menschen auf dem Weg freundlich begleiten.

Wir bitten für die Menschen, die gottvergessen ihren Weg allein gehen. Wecke ihr Gespür für Dich, begegne Du ihnen auf ihrem Weg und lass ihnen andere Menschen Zeugnis sein.

Wir bitten Dich für die Kinder und Jugendlichen im Religions- und Konfirmandenunterricht, dass sie etwas von Dir in Erfahrung bringen können.

Wir bitten Dich für Deine Kirche, dass sie sich kein Bild von Dir macht und keinen anderen Bildern und Götter traut, wie verheißungsvoll sie auch klingen mögen.

❯ **Segen**

3 LIEBE

3.1 Liebe tun

❯ Begrüßung und Hinführung

Ich begrüße Sie herzlich zum *Sonntag … (Name des Sonntags)*. Wir haben heute ein besonders emotionales Thema vor uns – nichts anderes als die Liebe … Und wir hören in diesem Gottesdienst eine Kantate von Johannes Weyrauch: „Vom Reich Gottes".

❯ Kollektengebet

Lieber Herr und Gott, wecke uns auf, damit wir bereit sind, Dein Wort zu hören. Öffne unseren Mund zum Lob Deiner Werke. Sende Deinen Geist, dass er uns erfüllt mit dem Glauben an Jesus Christus. Sende Deinen Geist, dass er aus uns vielen einzelnen, so verschiedenen Menschen eins macht, Deine Gemeinde. Amen.

❯ Predigt zum Text 1 Kor 13

Liebe Gemeinde,
vielleicht haben Sie das Hohe Lied der Liebe aus dem ersten Korintherbrief schon einmal bei einer Trauung gehört oder selbst als Trautext gehabt, vielleicht aber auch bei

einer Beerdigung. Vor kurzem erst sah ich in einem Film eine Beerdigung, bei der das Hohe Lied der Liebe am offenen Grab gelesen wurde und sich neben dem Grab zugleich eine Schlägerei abspielte. Eine komische Situation, die viele Zuschauer schmunzeln ließ. Gewiss war es absichtlich, vom Regisseur so inszeniert. Der eine der Rivalen hatte Liebeskummer.[2]

Gern wird dieser Text als Trautext gewählt und als Beerdigungstext, heißt es doch von der Liebe, dass sie die größte der Tugenden ist und dass sie niemals aufhört, wenn auch alles andere aufhören wird, Glaube und Hoffnung. Ja, wenn die ganze Welt ein Ende findet …

Die Liebe! Bei jedem, ob jung oder alt, schwingt da vieles mit, sei es an Erwartungen, Hoffnungen, Träumen, an Enttäuschungen oder einem ruhigen Lebens-Liebesgefühl. In diesem Text ist von der *Agape* die Rede, der christlichen Nächstenliebe, nicht von der erotischen Liebe. Nun, wir haben im Deutschen nur ein Wort, mit dem wir die christliche Nächstenliebe bezeichnen, die göttliche Liebe zu uns Menschen, die menschliche Liebe zu Gott, die Liebe von Mann und Frau, von Freund und Freundin, von Freundin und Freundin, die Elternliebe und die Kinderliebe, die Liebe eines Menschen zu seinem Haustier.

Man mag das bedauern, aber es ist doch auch gut so, denn die Liebe lässt sich nicht einfach genau aufteilen und unterscheiden. Liebe umfasst vieles. Wir können sie nicht definieren, aber vielleicht können wir es so sagen: jemandem von Herzen zugeneigt sein.

---

2 Es handelt sich um den Film „Soul Kitchen".

Und: verlassen wir uns bei unseren Liebesversuchen und unserem Tun der Liebe nicht immer auch ein wenig auf die göttliche Liebe zu uns und zum Partner oder der Partnerin? Die Liebe, die uns beisteht oder unsere Liebe erst möglich macht. Oder die Liebe, die immer noch liebt, wenn wir nicht mehr lieben können. Die göttliche Liebe tritt dann an unsere Stelle.

Gott ist der Urheber der Liebe, denn er hat zuerst geliebt und macht die Liebe unter Menschen möglich. Ja, er hat die Liebe in unser Herz gelegt und als die Menschen erschaffen, die liebesfähig und liebesbedürftig zugleich sind.

So haben wir es eben gesungen gehört: „Denn siehe, dass Reich Gottes ist mitten unter uns. So lasst uns alle Macht und Widermacht dieser Erde überwinden! Denn über Raum und Zeit strahlt das Reich Gottes auf uns ein, um unsere Seelen zu erleuchten und zu begnaden."

Die Bibel beschreibt die Liebe mit starken Worten „Also hat Gott die Welt geliebt, dass er seinen eingeborenen Sohn gab, auf dass alle, die an ihn glauben, nicht verloren werden sondern das ewige Leben haben." Oder: „Gott ist die Liebe und wer in der Liebe bleibt, der bleibt in Gott." Oder: „Dass Christus durch den Glauben in euren Herzen wohne und ihr in der Liebe eingewurzelt und gegründet seid."

Es werden viele Worte um die Liebe gemacht, auch in der Bibel. Und dieses Hohe Lied der Liebe, das zur Weltliteratur gehört, ist ein sprachlich sehr schön geformter Text. Ja, die Liebe braucht Sprache. Müssen wir sie benennen, damit sie tatsächlich auch ist, wirklich ist?

Liebe – gewiss, es ist ein Wort, das uns sofort hellhörig macht, ein großes, feierliches Wort … und wir fürchten, es banal zu gebrauchen oder dass es banal wird, wenn wir es zu oft gebrauchen: Ich liebe dich … für wen ist das reserviert, für wen heben wir es auf und für welchen Augenblick? Haben wir Angst, dass es sich abnutzt? Sagen wir es nie? Hören wir es nie?

In der Popmusik geht es nicht so zögerlich zu, da wird ganz munter von der Liebe gesungen und von ihren Enttäuschungen. Die Sprache ist oft überschüssig, wie wir dies auch aus den Liebesliedern der Romantik kennen und aus der barocken Sprache christlicher Musik und aus der Sprache der Mystik. Überschwängliche Sprache will geradezu die Liebe erwecken.

Ist die Liebe für alle einfach da, ist sie einfach schon da in der Welt oder müssen wir sie immer erst neu herstellen, sie gar erfinden? Können wir sie überhaupt selbst herstellen oder ist sie einfach da und wir haben an ihr teil?

Vielleicht mag mancher von ihnen jetzt doch in Gedanken schon den Einwand gemacht haben, dass es hier doch um die Agape, die Nächstenliebe geht und ich hier erst einmal selbst ein wenig Liebeslyrik in meiner Predigt betreibe. Wo bleibt die Ethik, wo bleibt das, was wir tun sollen? Gerne verstehen wir die Ethik ausschließlich so, dass uns gesagt wird, was wir tun sollen, dass wir die Nächsten lieben sollen. Das Sollen steht dann im Zentrum, aber ist das hier so gemeint von Paulus?

Entwirft Paulus hier gar ein ethisches Programm für die christliche Gemeinde, das lautstark, wortgewaltig verkündigt wird, ein Katalog an Forderungen: Seid geduldig, seid langmütig, duldet alles, erträgt alles. Und wenn wir das so nacheinander hören, geben wir es vielleicht schon auf, ehe der Katalog mit seinen Forderungen schließlich zu einem Ende gekommen ist. Nein, es ist kein Katalog an Forderungen.

Wir wollen den komplexen, streng durchkomponierten biblischen Text genauer betrachten und können dabei einige Entdeckungen machen. Der Apostel Paulus schreibt seine Briefe an die ersten judenchristlichen bzw. christlichen Gemeinden. Im vorhergehenden Kap. 12 legt Paulus sein Gemeindeverständnis dar, wenn er von der Gemeinde als dem Leib Christi spricht, in der es sehr unterschiedliche Menschen gibt, die nirgendwo sonst im Leben zusammenkommen würden, Hafenarbeiter und Gelehrte, Straßenverkäufer, Handwerker und Theologen, Reiche und Arme, begabte und weniger begabte und gänzlich unbegabte Menschen.

Und da ergeben sich Spannungen. Wie kann die Gemeinde zusammenhalten, wie können die Spannungen beseitigt werden? Ungleich und doch ein Leib sind die Korinther! Gott hat den Leib zusammengefügt und dem geringeren Gemeindeglied höhere Ehre gegeben, damit keine Spannungen entstehen, durch ihn werden alle gleichgestellt, damit sie in gleicher Weise füreinander sorgen – Liebe tun. Paulus beschließt den voran stehenden Brief mit den bescheidenen Worten, dass er ihnen noch einen besseren Weg zeigen will, wie das Zusammenleben gelingen kann. Diesen Weg nun beschreibt er im 13. Kapitel.

Das Hohe Lied der Liebe braust heran. In den ersten Versen, die wie Wellen gewaltig heranrollen und dann an einem Widerstand, vielleicht einer Mauer, gebrochen werden und in sich zusammensinken, steht das „Ich" im Zentrum: Wenn ich mit Menschen- und mit Engelzungen redete und hätte die Liebe nicht, so wäre ich ein tönendes Erz oder eine klingende Schelle.

Und dann taucht das „Wellen-Ich" wieder auf und wird wieder gebrochen: Wenn ich alle meine Habe den Armen gäbe und hätte der Liebe nicht, so wär's mir nichts nütze. Sechs mal taucht das Ich auf, dass großartige Ich – nicht nur das begabte Ich, sondern das große selbstbewusste Ich: wenn ich alle Geheimnisse und alle Erkenntnis wüsste … Das großartige Ich der Erkenntnis und des Glaubens oder das großartige moralische Ich. „Ichs", von denen bis heute viele herumlaufen.

Die jüdische Philosophin Simone Weil hat es in ihrem Buch (Zeugnis für das Gute) so gesagt: Jeder Mensch hat einen eingebildeten Stand im Mittelpunkt der Welt. Es kann nicht darum gehen, das All mit dem Ich ausfüllen zu wollen, sondern diese Stellung schnellstmöglich zu verlassen."

Wer ist dieses „Ich"? Spricht Paulus von sich? Hat Paulus selbst Erfahrungen mit der Liebe gemacht? Wir wissen es nicht genau. Seine Briefe im Neuen Testament geben darüber keinen Aufschluss. Was nun stellt Paulus diesem Ich gegenüber? Vielleicht als Vorbild? Ein selbstloses Ich? Ich denke, Paulus findet sich selbst auch darin, wenn es am Anfang sechsmal „Ich" heißt, zugleich aber kann sich jeder Mensch, der von sich „Ich" sagt, darin mit ausgesagt und angesprochen sehen.

Und diesem Ich stellt Paulus nicht ein anderes Ich, kein Vorbild-Ich gegenüber, sondern die Liebe, die Agape, die Caritas. Das ist kein Zufall, das ist Absicht.

Ist Liebe wirklich selbstlos, sieht sie nur den anderen oder nicht doch auch immer sich selbst ein bisschen oder ist verliebt in sich selbst oder in die Worte, die man über die Liebe macht. Auch wenn es sich um die Agape, die Nächstenliebe handelt, kann man das fragen … Ist die wahre christliche Liebe selbstlose Liebe, die im Tun für den Nächsten aufgeht oder tut die Liebe es nicht auch ein bisschen für sich selbst? Wir müssen das nicht von Fall zu Fall klären müssen.

Die Liebe Gottes hält das zusammen. Gott weiß, wie ich's meine, auch wenn andere das nicht wissen, und ich selbst allzu oft auch nicht … Gott kennt mich. Er kennt auch meine kleinen Eitelkeiten und Unzulänglichkeiten. So heißt es im hohen Lied der Liebe: Ich bin erkannt, in Liebe erkannt – und mit dem Ausblick auf die Ewigkeit „Dann werde ich erkennen, so wie ich erkannt bin."

Paulus beschreibt nun die Kennzeichen der Liebe. Er beschreibt, was die Liebe ist und wie Liebe getan wird. „Doing love" könnte man es in englischer Sprache nennen. Der dänische Philosoph und Theologe Sören Kierkegaard spricht von der „Der Liebe Tun". So heißt dann auch der Titel eines dicken Buches.

Die Liebe ist … Es wird davon ausgesagt, dass sie da ist, dass wir nicht darauf warten müssen, dass wir sie nicht erschaffen müssen. Simone Weil sagt es sehr prägnant so: „Gott selbst ist der Welt abwesend. Gott ist nicht in der Welt, aber seine Liebe ist in der Welt. Gott ist von dieser Welt abwesend, außer durch das Dasein derer in dieser Welt, in denen seine Liebe lebt." In unserem Liebeslied kommt das Wort Gott gar nicht vor, ausschließlich ist von der Liebe die Rede.

Die Liebe ist da, ist in der Welt. Nicht nur und nicht einfach durch unser eigenes Tun, tragen wir sie in die Welt ein. Nein, zuerst einmal ist sie zu entdecken in einem Menschen, zwischen Menschen, gewiss auch im Leben jedes einzelnen von uns, zu entdecken, wo sie geschieht, indem sie da ist.

Kein ethisches Programm sagte ich, keine direkte Anrede an die Hörer: Seid das und das, tut das. Nein, ein Lobgesang auf die Liebe, der anleiten will zu entdecken, dass und wie die Liebe da ist und was zu ihr gehört.

Die Liebe erträgt alles … Wo ist im Alltag zu entdecken, was das ist, wenn mich jemand mit allen meinen Marotten tagaus tagein wohlwollend erträgt und mich nicht aufgibt, mich nicht verlässt, auch wenn er gewiss manchmal große Lust dazu hätte? Die Freundin den Freund, Eltern die Kinder oder auch umgekehrt. Ist das Liebe? Ja, da wird die Liebe getan.

Die Liebe ist freundlich … nehmen wir es allzu selbstverständlich, wenn wir uns freundlich begegnen, oder beschweren wir uns nur über die Unfreundlichkeit der Menschen? Der freundliche Busfahrer oder Zugschaffner, der ein paar nette Worte mehr sagt als das, was er sagen muss. Ist das Liebe? Ja, da wird die Liebe getan.

Die Liebe lässt sich nicht erbittern, sie rechnet das Böse nicht zu … Wir wurden von einem uns nahen Menschen gekränkt, enttäuscht, verletzt. Gott sei Dank können wir vergeben und geben ihn nicht auf, wir halten weiter zu ihm. Ist das Liebe? Ja, da wird die Liebe getan.

Die Liebe bläht sich nicht auf … sie füllt nicht mit sich selbst den ganzen Raum aus und nimmt dem Partner die

Luft zum Atmen. Sie stellt sich nicht in den Mittelpunkt, sie bleibt bescheiden, aber treu an der Seite eines Menschen. Sie ist zuverlässig. Auf meine Nachbarin ist ganz einfach Verlass, ohne dass sie ein großes Theater darum macht. Auf meinen Banknachbarn in der Schule ist Verlass. Er erdrückt mich nicht mit seinem Selbst und mit seinen guten Leistungen, so dass ich fast von der Bank rutsche oder in mir zusammensacke. Ist das Liebe? Ja, da wird die Liebe getan.

Ist das Liebe? Ja, das und das ist Liebe. Und wir könnten mit Hilfe der im Text genannten Eigenschaften der Liebe die Welt noch genauer beobachten. Viele Dinge sind es in unserem Alltag, die wir selbstverständlich nehmen, von denen wir niemals sagen würden, dass da Liebe getan wird. Das ist nicht banal, das ist das, wovon wir alltäglich leben. Diese Frage hatte ich ja zu Beginn aufgeworfen. Diese Liebe nutzt sich nicht ab, sie ist das, woraus und wovon wir leben.

Die Liebe ist die höchste der Tugenden neben Glaube und Hoffnung. Sie hört nimmer auf. So wird es von ihr gesagt. Können wir das jetzt besser verstehen? Liebe wird es auch dann noch geben, wenn Glauben und Hoffen nicht mehr nötig sind.

So haben wir es eben gesungen gehört: Denn was sichtbar ist, das ist zeitlich; was aber unsichtbar ist, das ist ewig. Es sei denn, dass jemand von neuem geboren werde, so kann er das Reich Gottes nicht sehen. Sind wir aber aus dem Geist neu geboren, erwächst uns die Kraft, alle Macht und Widermacht dieser Erde zu durchdringen und unser Leben zu erfüllen durch das Wirken des Geistes Gottes in uns.

Kann die Liebe misslingen? Gibt es Menschen, die nicht lieben können? Gibt es einen Mangel an Liebe unter den

Menschen? So stellen wir es gerne fest oder es wird von sozialer Kälte gesprochen oder von einem kalten Menschen, von Lieblosigkeit unter den Menschen. Ja, das weiß Paulus. Aber er geht in seinem Brief an die Korinther und seinen Reflexionen über die Liebe davon aus, dass die Liebe kein Mangel ist, sondern in dem anderen schon da ist und nur herausgelockt werden muss.

Gott hat uns erschaffen als liebesfähige und liebesbedürftige Geschöpfe. Kierkegaard spricht in seinen Überlegungen immer wieder eindrücklich davon, dass die Liebe den anderen erbauen will, ihn nicht erdrücken, aber ihn erbauen will, weil sie weiß, dass bei meinem Partner, Freund, Kind, mir nahen und fernen Menschen die Liebe da ist, zugegen ist. Deshalb kann die Liebe langmütig, geduldig sein.

Da, wo die Liebe ist, ist das Reich Gottes. Von der Liebe Gottes in menschlicher Gestalt haben wir gehört und von dem hellen Schein, den Gott in unsere Herzen gegeben hat, haben wir gesungen gehört.

Gott, der da hieß das Licht aus der Finsternis hervorleuchten, der hat einen hellen Schein in unsere Herzen gegeben, dass in uns entstünde die Erleuchtung zur Erkenntnis der Herrlichkeit Gottes in dem Angesicht Jesu Christi. Amen

〉 **Lied: Es kennt der Herr die Seinen (EG 385)**

〉 **Fürbittgebet**

Vater im Himmel, wir danken Dir für Deine Liebe, die unermesslich groß ist und auf die wir uns verlassen können.

Vater im Himmel, wir alle sind befähigt zu lieben und wünschen uns, dass andere uns lieben. Erwecke in uns die Liebe, dass wir uns lieben, uns beistehen und treu sind.

Wir bitten für die jungen Menschen, die sich nach der Liebe eines Partners oder einer Partnerin sehnen. Bewahre sie vor Verletzungen und schenke ihnen Glück. Wir bitten für die Menschen, deren Glück zerbrochen oder gefährdet ist. Steh Du ihnen bei, dass sie einen guten Weg zueinander oder miteinander finden.

Wir bitten für die Kranken, Trauernden, Sterbenden in der Gemeinde. Lass sie Liebe erfahren und sich in Deiner Liebe geborgen fühlen. Viele Menschen in Deiner Welt erfahren Lieblosigkeit. Wir vertrauen besonders diese Menschen Deiner Liebe und Barmherzigkeit an – in der Hoffnung auf Dein Reich. Amen.

❭ **Segen**

3.2 Ubi caritas et amor

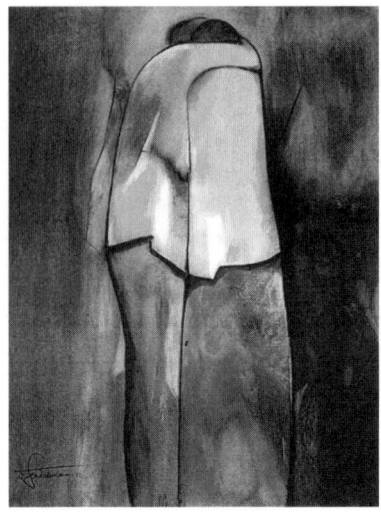

> Musik

> Begrüßung

Ich begrüße Sie herzlich mit dem Wort Jesu aus dem Johannesevangelium: *Wie mich mein Vater liebt, so liebe ich euch auch. Bleibt in meiner Liebe.*

> Sololied: Amazing grace

> Lied: Laudate omnes gentes

> Gebet:: 1 Korinther 13,1–7.13

> Lied: Ubi caritas et amor

❯ Bildmeditation: Die Umarmung[3]

*Bild möglichst groß projizieren; Daten zum Download auf www.
v-r.de bei der Anzeige des Buches*

Zwei Menschen umarmen sich: Mann und Frau. Wir sehen lange Körper und zwei kleine Köpfe, die fast ineinander verschmelzen, in der Armbewegung ruhen. In dieser Berührung liegt viel Zärtlichkeit. Nach unten wirken die Körper dunkel, oben wird es hell, gelb, farbig. Um die Personen herum eher dunkle Farben, uneindeutige Farben, eher etwas zerrissen wirkend. Mir scheint es so, dass rechts im Dunkel eine kleinere Person zu erkennen ist mit einem traurig wirkenden Gesicht.

Mir hat das Bild gut gefallen, ein anrührendes Bild! Weil wir alle so etwas kennen oder uns ebenso nach so etwas sehnen, ob jung oder alt: sich zueinander hingezogen fühlen und beieinander zu sein, umarmt zu werden und zu umarmen.

Wenn wir auf der Straße zwei Menschen sehen, wie sie sich umarmen, sich küssen, sich lieb haben, dann schauen wir weg, vielleicht nur höflich, weil wir nicht als Eindringling stören wollen, vielleicht aber auch sehnsuchtsvoll oder gar neidisch. Wir fühlen uns ausgeschlossen von dem Glück. Wir trauen uns nicht, einfach hinzuzutreten und sie vielleicht etwas zu fragen. Sie sind ganz für sich, bilden etwas Eigenes, ohne dass sie dabei ganz verschmelzen – so wie auf dem Bild. Es sind und bleiben zwei Personen, sie werden nicht einfach zu einer Person, es ist etwas Eigenes, Gemeinsames, etwas Intimes.

---

3 Irmtraud Schniedenharn.

Von dem Bild geht etwas Einladendes, etwas Erfreuliches aus so wie von den Paaren, die sich lieben und diese Liebe nach außen sichtbar wird. Wir können uns daran erfreuen und brauchen nicht peinlich wegzusehen.

Es spielt sich etwas zwischen den Beiden ab, zu dem von außen keiner Zutritt haben sollte, etwas Geheimnisvolles und Wunderbares. In Film und Fernsehen und Zeitschriften wird die Liebe aber oft sehr massiv an die Öffentlichkeit gezerrt, meist nur noch die sexuelle Liebe, und sie wird wie eine Ware oder eine neue Sportart angepriesen. Liebe ist auch kein süffiger Cocktail, der schnell ausgetrunken ist und nach mehr verlangt. Nicht nur hier steht ganz oft die sexuelle Begegnung, die als etwas Schönes zur Liebe dazu gehört, am Anfang und zugleich damit auch oft schon am Ende – ohne ein Sich-kennen-Lernen, ohne Zärtlichkeit und erotische Anziehung und ohne ein Achtgeben auf den oder die Andere.

Hier gibt es dann oft Szenen wie diese, dass vor dem sexuellen Kontakt meistens das Mädchen zögerlich fragt: „Aber liebst du mich denn eigentlich?" Das, was hier Liebe genannt wird, kann auch sehr egoistisch, zerstörerisch und dunkel sein. Es gibt Verletzungen und Kränkungen, die tief gehen. Und wir dürfen nicht vergessen, dass zur sexuellen Begegnung in der Liebe die wunderbare Möglichkeit dazugehört, dass auf diesem Weg neue Kinder gezeugt werden – entstanden in der Liebe von Mann und Frau.

Dennoch bleibt die Liebe etwas Geheimnisvolles zwischen zwei Menschen, so auch zwischen Mann und Frau, zwischen jungen Leuten und älteren oder auch sehr alten. Und es bleibt die Sehnsucht nach einem Menschen, der mich ganz als Person liebt und die ich ganz als Person lieben kann. Wir fühlen uns zueinander hingezogen. Dazu braucht es Zeit, und darauf muss man tatsächlich oft warten, Mädchen und Jungen, nicht nur die Mädchen. Diese Liebe ist nicht so einfach einzukaufen und zu haben und nebenbei auszuprobieren, und damit ist auch nicht anzugeben. Liebe braucht Zeit. Beziehungen fangen mit Zärtlichkeit an, Zärtlichkeit durch Worte, Blicke und Berührungen. Beziehungen brauchen, um auf Dauer Bestand zu haben, zärtliche Augenblicke.

Schauen wir noch einmal auf das Bild: Die kleine Person im Dunkel scheint zu warten auf dieses Glück, auf die Umarmung oder steht sie nur traurig und enttäuscht daneben, weil es für sie diese Umarmung nicht gibt? Und ist sie hier klein, vielleicht weil sie sich klein fühlt ohne diese Umarmung. Zu diesem Bild hat die Künstlerin, Irmtraud Schniedenharn, geschrieben:

Warten
auf die Umarmung,
die das Eis durchbricht
das Dunkel zerschneidet

warten
auf eine Berührung
die frei macht zum Licht.

Die Liebe zwischen zwei Menschen ist etwas Wertvolles, so wertvoll und von Gott gewollt, dass sie in der Bibel mit der Liebe Gottes zu uns verbunden wird. So haben wir es eben mit den Worten aus dem Brief des Apostel Paulus an die Gemeinde in Korinth gebetet. Hier wird die Liebe gerühmt, die Gottes- und die Menschenliebe, sie ist die größte, größer noch als Glaube und Hoffnung. Selbst wenn ich alles wüsste, alles könnte, mein Bestes gäbe, alles den Armen gäbe, mich opfern würde, mit Engels- und mit Menschenzungen redete – auf jemanden einredete, auch von Liebe redete –, so ist das nichts wert, wenn die Liebe fehlt.

Die Liebe Gottes zu uns Menschen, zu jedem Einzelnen von uns, auch wenn wir uns allein und einsam fühlen, wird zusammengedacht mit der Liebe von Vater und Mutter und der Liebe von Mann und Frau und der Liebe unter Freunden und Freundinnen. Wir dürfen uns die Liebe Gottes auch als eine leibliche Umarmung vorstellen, die das Eis der Kälte und Dunkelheit und Einsamkeit durchbricht, zerschneidet und so befreit, dass es hell wird in unserem persönlichen Leben und in unserer manchmal dunklen Welt.

Wir haben im Deutschen nur ein Wort für die Liebe. In der griechischen Bibel finden wir verschiedene Worte für die Liebe, so zum Beispiel die *agape* als die christliche Liebe, die Nächstenliebe, und der *eros*, von dem das Wort Erotik kommt, als die Liebe zwischen Mann und Frau und die *philia*, die freundschaftliche Liebe. Im Lateinischen ist von der *caritas* als der Nächstenliebe die Rede, von der Freundesliebe als *amicitia* und von der Liebe zwischen Mann und Frau als *amor*. Und dabei denken wir vielleicht an Bilder von Gott Amor, der seinen Pfeil losschießt.

Früher habe ich es bedauert, dass wir nur ein einziges deutsches Wort für die Liebe haben. Heute denke ich, dass es gut ist, weil alles zusammengehört als etwas Wertvolles und Wichtiges: die Gottesliebe und die Nächstenliebe, die menschliche Liebe, die Freundesliebe und die Liebe zwischen Mann und Frau.

Und so heißt es auch in dem Lied, das wir gleich singen werden „*Ubi caritas et amor ibi deus est.*" Wo die Liebe ist, die Nächstenliebe, die Freundesliebe und die Liebe zwischen Mann und Frau, da ist Gott. Da, wo diese aufrichtige, gute Umarmung zweier Menschen ist, da ist Gott. Amen.

❭ **Lied: Ubi caritas et amor**

❭ **Fürbitten**

Hier können die Fürbitten von 3.1 (Liebe tun) gesprochen werden.

❭ **Lied: Domine deus**

❭ **Vaterunser**

❭ **Lied: O Lord hear my pray'r**

❭ **Segen**

Nun aber bleiben Glaube, Liebe, Hoffnung, diese drei; aber die Liebe ist die größte unter ihnen. – So gehet nun hin im Frieden des Herrn. Amen.

❭ **Lied: Bleib mit deiner Gnade bei uns**

❭ **Musik**

3.3 Ein Kind retten

❭ **Musik**

❭ **Begrüßung**

Ich begrüße Sie herzlich zur Taizéandacht mit dem Psalm-wort: *Herr, höre meine Stimme, wenn ich rufe. Sei mir gnä-dig und erhöre mich. Mein Herz hält dir vor dein Wort: Ihr sollt mein Antlitz suchen. Darum suche ich auch, Herr, dein Antlitz.*

❭ **Lied: Freuet euch im Herrn**

❭ **Gebet: Psalm 27,1–10**

❭ **Lied: Confitemini domino**

❭ **Bildmeditation: Ein Kind retten**

Bild (von Gabriele Hafermaas) möglichst groß projizieren; Daten zum Download auf www.v-r.de bei der Anzeige des Buches

Vielleicht fällt Ihnen gleich die Geschichte ein, die zu diesem Bild aus einer Kinderbibel gehört. Ich will sie ihnen zusammen mit dem Bild erzählen.

Ein fröhliches Bild: ein Kind im Körbchen, lachend. Drei junge, exotisch aussehende Frauen, die sich freuen. Im Hintergrund Schilfgras, ein älteres Kind im Versteck – gerade noch besorgt, nun aber staunend. Es ist die Geschichte der Rettung des kleinen Mose, eine Rettungsgeschichte.

Dieser Rettungsgeschichte geht ein bedrohliches Ereignis voraus: Nachdem Josef seine Sippe nach Ägypten geholt hatte, lebten die Israeliten dort und vermehrten sich gewaltig. Pharao sieht das unwillig und bekommt Angst vor den vielen Fremden in seinem Land. Er versucht sie so zu unterdrücken und zu drangsalieren, dass sie keine Kinder mehr bekommen. Doch sie vermehren sich weiter. Da bittet er die hebräischen Hebammen Schifra und Pua, die neu geborenen hebräischen Jungen bei der Geburt zu töten.

Die Hebammen folgen diesem grausamen Befehl nicht. Sie fürchten Gott mehr als Pharao, so wird erzählt. Und so sagt es auch der Psalm, den wir zu Beginn gebetet haben: „Der Herr ist mein Licht und mein Heil, vor wem sollte ich mich fürchtet? Der Herr ist meines Lebens Kraft, vor wem sollte mir grauen? Wenn die Übeltäter an mich wollen …, sollen sie selber straucheln und fallen. Wenn sich ein Heer wider mich lagert, so fürchtet sich dennoch mein Herz nicht."

Als Pharao die beiden Hebammen zur Rede stellt, sagen sie ihm ganz einfach folgendes: „Die hebräischen Frauen sind kräftige Frauen anders als die ägyptischen Frauen, sie sind kräftig. Ehe wir kommen, haben sie schon geboren." Eine trickreiche Antwort, eine mutige Antwort? Jedenfalls retten sie den neugeborenen Jungen das Leben, so auch das Leben von Moses. Gott segnet die Hebammen.

Der grausame Herrscher erteilt daraufhin seinem Volk den Befehl, alle neugeborenen Jungen in den Nil zu werfen. Hier werden sie ertrinken, sterben.

Die Mutter des Mose liebt ihr Kind, sie will es bewahren, aber wie kann ihr das gelingen, nachdem sie das Kind zunächst drei Wochen zuhause versteckt gehalten hat? Sie baut sorgfältig ein Kästchen von Rohr und verklebt es mit Erdharz und Pech, legt das Kind hinein und setzt das Kästchen in das Schilf am Ufer des Nils. Worauf hofft sie für ihr geliebtes Kind? Von woher kann Hilfe kommen? Vielleicht hat sie gebetet. Jedenfalls kann sie nichts anderes mehr tun. Mirjam, Moses Schwester, bleibt in der Nähe und gibt acht, was passiert.

Die mit ihren Gefährtinnen am Nil wandelnde Tochter des Pharao sieht das Kästchen im Schilf, sie lässt es holen. Sie sieht den kleinen weinenden Jungen, sie hat Mitleid, ihr Herz wird angerührt, sie nimmt ihn heraus und in ihre Arme. Sie erkennt dann, dass es ein hebräisches Kind ist. Gewiss kennt sie den Befehl ihres Vaters, aber ihr angerührtes Herz ist stärker als der Befehl und die Macht des Vaters.

Die Schwester Mirjam ist sofort zur Stelle und fragt, ob sie eine hebräische Frau rufen soll, die das Kind stillt. Sie bringt den kleinen Mose zu seiner und ihrer Mutter, die ihn stillt und bei sich hat, bis er groß ist und zur Tochter des Pharao gebracht wird und dort erzogen wird.

Eine Rettungsgeschichte spielt sich ab gegen die Grausamkeit der Umwelt. Ein Kind wird gerettet, dank des Tuns dieser Frauen. Das Leben von ausgesetzten Kindern retten und Kinder aussetzen, sie zugrunde gehen lassen, das erfahren wir auch heute noch. Es gibt schwangere Frauen, die fühlen sich nicht in der Lage, das in ihnen werdende Kind auszutragen, doch wollen sie nicht willentlich den Tod des Kindes. Wer rettet das Leben dieser Kinder? Seit Jahren gibt es die sogenannten Mosesklappen, die nach dieser Geschichte benannt sind: oftmals die letzte Rettung für ein Kind. Früher legte man diese Kinder manchmal vor Klostertüren. Es kommt aber auch vor, dass schwangere Frauen, die bei der Schwangerenkonfliktberatung waren, dann, wenn sie merken, dass niemand für das in ihnen werdende Kind eintritt, dann doch das Kind selbst austragen. Sie haben sich anrühren lassen in ihrem Herzen für das Kind – so wie die Hebammen, wie Moses Mutter, wie seine Schwester und die Tochter des Pharao.

Gott möge unsere Herzen anrühren, dass wir uns einlassen auf solche Rettungsgeschichten, dass wir mutig werden wie diese Frauen, gegen das Mächtige und Böse, das Leben bedroht, das Gute zu tun, dass wir angerührt werden und Barmherzigkeit und Liebe üben. Amen.

❯ Lied: Ubi caritas

❯ Persönliche Segnung

❯ Fürbitten

❯ Lied: Domine deus

> Vaterunser

> Lied: Dona nobis pacem domine

> Segen

Denn Du bist meine Hilfe, verlass mich nicht und tu die Hand nicht von mir ab, Gott, mein Heil. – So gehet nun hin im Frieden des Herrn. Amen.

> Lied: Bleib mit deiner Gnade bei uns

> Musik

4 FAMILIE – KINDER – LEBENSANFANG

4.1 Mit Kindern – ein neuer Aufbruch

❭ **Begrüßung und Hinführung**

Liebe Gemeinde, ich begrüße Sie zu diesem Gottesdienst. Ich hätte ein Kind mitbringen sollen und mitten unter uns stellen, so wie Jesus es gemacht: um diesem Kind seine Würde und seinen Platz zu geben – eben da: in der Mitte. Kinder sind heute unser Thema, Kinder, die mit ihrer Ankunft in ihrer Familie Aufbrüche auslösen auf ungeahnten neuen Wegen.

❭ **Kollektengebet**

Danke, lieber Vater im Himmel, für all das Gute, das uns an diesem Morgen schon begegnet ist. Wir loben Dich am Morgen dieses Sonntags von ganzem Herzen und mit großem Staunen vor deinen Werken. Wir bitten Dich, dass Du uns in diesem Gottesdienst eins machst im Beten, Singen und Hören auf Dein Wort. Amen.

❭ **Lied: Weißt du, wie viel Sternlein stehen**

❭ **Lesung: Psalm 8**

Liebe Gemeinde,

Kinder stellen viele Fragen, neugierige Fragen, sie hören nicht auf zu fragen und sind selten zufrieden mit einer Antwort und bringen uns in Verlegenheit mit ihren Fragen. Und sie nehmen uns mit ihren Fragen mit, uns Erwachsene, für die alles schon so klar zu sein scheint. Es nimmt uns mit, die Welt noch einmal neu zu entdecken und die Schöpfung Gottes. Es gibt viel zu wissen über die Dinge, gewiss, aber wer weiß tatsächlich, wie viele Sternlein es gibt am blauen Himmelszelt, wie viele Fischlein sich im Wasser tummeln. Es sind staunende Fragen in dem schönen alten Lied. So wie die staunende Frage in Psalm 8, den wir eben gehört und gesungen haben, eine staunende Frage, die an Gott gerichtet ist:

Wenn ich sehe den Himmel, deiner Finger Werk, den Mond und die Sterne, die du bereitet hast, was ist der Mensch, dass du seiner gedenkst und des Menschen Kind, dass du dich seiner annimmst?

Was ist der Mensch? Das haben viele erwachsene Philosophen und Forscher gefragt, was ist das Besondere am Menschen, sein Verstand, die Sprache? Auch heute beantworten viele die Frage, wann ein werdender Mensch anfängt, Mensch zu sein, damit, dass sie sagen, wenn sein Hirn entwickelt ist oder so ähnlich. Und da hat man an die erwachsenen Menschen gedacht, die kleinen Kinder waren gar nicht im Blick. Sie hatten erst mal erwachsen zu werden und sich das Besondere am Menschsein erst zu erwerben. Oder sie mussten erst mal richtig zu Menschen erzogen werden.

Ganz anders redet dieser Psalm. Zunächst einmal gilt das, dass jeder Mensch ein Kind von Menschen ist. Das zeichnet ihn aus. Jeder Mensch hat als Kind angefangen, als werdender Mensch im Mutterleib. Und es zeichnet ihn als Menschen aus, dass Gott in besonderer Weise der Menschen gedenkt, sich ihrer annimmt.

Nicht, dass der Mensch so großartig ist und so vieles Großartiges hervorbringt und sich damit Gottes Gedenken verdient. Es ist der Mensch als des Menschen Kind, an den Gott denkt, weil er es so will. Der Mensch bekommt einen Auftrag vom Schöpfer, der aber selbst der Herr bleibt und bleiben will, nicht aber den Menschen eingesetzt hat zum absoluten Herrscher über die Natur, die andere Kreatur, die Menschen und die Welt, und nicht zum Herrn über die kleinen Geschöpfe, dass er meint, sie sind in seinem Besitz, er darf über sie herrschen. Nein, wir sind die Freunde Gottes und seine Gehilfen – so haben wir es im Lied gesungen.

Auch die Kinder sind uns Erwachsenen anvertraut und wir bekommen von Gott den Auftrag, uns fürsorglich und liebevoll um sie zu kümmern, mit ihnen zusammenzuleben und sie hilfreich ins Leben einzuführen und sie zu begleiten. Gott ist und bleibt der Herr, er ist der Erschaffer der Kinder und der sie liebende Vater.

Wenn heute in unserer Gesellschaft über Kinder geredet wird, dann meistens kritisch und moralisch. Der Kindermangel wird beklagt und es wird nach Schuldigen gesucht. Wir sehen die Erziehungsprobleme und labile und gestörte Familien, überstrapazierte Lehrer, Mütter, die sich zwischen Haushalt, Kindererziehung und Berufstätigkeit zerreißen.

Als wir zusammen saßen – Erzieherinnen, Mitarbeiterinnen im Kindergottesdienst und Mütter – und miteinander sprachen, haben wir uns zunächst einmal lange Zeit über das Glück mit Kindern und die Freude an Kindern unterhalten, über das, was kleine Kinder an uns als Erwachsenen bewirken, wenn wir uns denn auf sie einlassen, wenn wir wirklich mit ihnen leben und sie ernst nehmen. Es geht also um das Leben mit Kindern im hier und jetzt, den kleinen und den großen Kindern.

Unser Gespräch ist dann unmerklich übergegangen in ein Nachdenken über Kinder, unser Verhalten Kindern gegenüber, unsere bewahrende und erzieherische Aufgabe gegenüber Kindern. Kinder brauchen Schutz, sie sind verletzlich, so hörten wir es auch in dem Lied von Bettine Wegener. Eine von uns sagte: Kinder kommen mir manchmal „verwirrt" vor, weil sie nicht wissen, wo sie zu Hause sind und was die Welt um sie herum ausmacht. Wir müssen die Welt so zur Sprache bringen, dass sie ihnen zu einer heilsamen Ordnung wird, heimatlich und zuverlässig.

Wir müssen das Natürliche mit Kinder zurückgewinnen, sie nicht einerseits überhäufen mit Aufmerksamkeit und Geschenken und sie andererseits allein mit sich lassen. Das Natürliche zurückgewinnen, dazu gehört auch, dass Eltern und Kinder böse sein können. Dass wir Dinge tun, die vergeben werden müssen. Kinder sind nicht nur die Opfer und Eltern die Täter und auch nicht umgekehrt. Kinder lieben, das heißt, wirklich mit Kindern leben.

Wir dürfen Kinder Kinder sein lassen, wir brauchen sie nicht zu früh zu Erwachsenen zu machen, wir müssen sie nicht zu früh einem Leistungsdruck aussetzen, damit sie nur ja den Anschluss in der Erwachsenenwelt nicht verpassen. Kinder sind neugierig, sie wollen lernen und sie können manchmal schon erstaunlich viel. Die Pädagogik ist hier leider oft von einem Extrem ins andere gefallen. Einmal sollen die Eltern die Freunde der Kinder sein, dann wieder Autoritätspersonen. Nun, die Eltern bleiben die Eltern und damit auch die Älteren.

Wozu sind Kinder überhaupt gut? Sollen sie unserem Leben Sinn verleihen? Nehmen sie uns nicht Zeit weg, zu viel Zeit in Anspruch, kosten zu viel Geld? Schränken sie die Eltern nicht zu sehr ein in ihrer Selbstentfaltung? Legen sie nicht die Frauen auf eine bestimmte Rolle fest? Dem allen könnte man entgegenhalten: Kinder erweitern unsere Zeit, machen unsere persönliche Lebenszeit voller und länger, machen unser Leben reicher.

Der Psalm gibt uns hier eine ganz andere Perspektive als diese Fragen, wenn Gott ins Spiel kommt. Gott will Kinder – ganz eigennützig: Kinder loben den Schöpfer, der sie geschaffen hat, schon allein durch ihr Dasein, ihr Lallen und Geschrei. Es ist gewiss ein starker Satz in unserem Psalm: „Aus dem Munde der jungen Kinder und Säuglinge hast du eine Macht zugerichtet um deiner Feinde willen, dass du vertilgest den Feind und den Rachgierigen. Und diesen Satz zitiert Jesus selbst beim Einzug in den Tempel in Jerusalem. Die Schriftgelehrten werfen ihm vor, dass die Kinder schreien „Hosianna, dem Sohne Davids." Die Kinder wissen, wer er ist, sie rufen es ihm zu. Nicht die, die die Schrift kennen – die Gelehrten. Und so sagt es der Liederdichter: „Kinder und Säuglinge künden dein Lob, spotten der Übermacht all deiner Feinde."

Mit Kindern fängt die Welt wieder neu an, sie wird nicht einfach älter und älter. Mit jedem neugeborenen Kind fängt etwas Neues an. Das erneuert unsere Zeit. Das erfahren die Eltern, die Großeltern, aber das erfahren auch die Menschen, die selbst keine Kinder haben. Das erfährt die ganze Gesellschaft, insofern gehen Kinder alle Menschen an.

Es gab immer wieder Kritiker, die gefragt haben: Muss die Welt überhaupt weitergehen? Soll eine Menschheit sein? Nun, so kann man fragen. Aber durch Gott wird eine andere Perspektive eingetragen in unser Denken. Gott will Kinder. Aus der Schöpfungsgeschichte hören wir es als einen göttlichen Auftrag: „Seid fruchtbar und mehret euch und füllet die Erde …", damit Gottes Geschichte mit uns Menschen weitergeht, damit Gott uns seine Treue erweisen kann. Gerade auch den Kindern will Gott ein guter Vater im Himmel sein, an den auch die Eltern Sorgen abgeben können.

Mit den Kindern geht die Geschichte Gottes mit uns weiter. Gott will, dass sie weitergeht. Und Gott verheißt uns, dass er da sein will, für uns, für die Kinder in der Zukunft. Mit Kindern erwächst uns Hoffnung. Mit Kindern – ein neuer Aufbruch!

⟩ Lied: Herr unser Herrscher EG 270

⟩ Fürbittgebet

Herr, wir vertrauen Dir alle Kinder und Eltern an. Wir bitten, dass das Miteinander gelingt zwischen den Kindern und den Erwachsenen. Wir bitten um Deinen Segen für diese Arbeit.

Wir bitten um Deinen Segen für das Miteinander von Eltern und Kindern, Kindern und Lehrerinnen und Lehrer.

Hier gibt es so viele Möglichkeiten, Gutes zu tun, aber auch Gefahren des Versagens. Lass Deine Vergebung angenommen werden und gib, dass sie sich gegenseitig verzeihen können.

Wir bitten für die Kinder dieser Deiner Welt. Besonders für die, deren Leben bedroht ist, die in Kriegsgebieten leben, die hungern und krank sind. Wir können ihr Schicksal gar nicht erfassen. Wir vertrauen sie alle Dir an und bitten darum, dass Du Menschen lenkst, dass sie sich um die Kinder kümmern und dass ihr Leben besser wird. Amen.

〉 **Segen**

4.2 Wie Menschen geboren werden

❯ Begrüßung und Hinführung

Ich begrüße Sie herzlich zum Gottesdienst. Wir feiern diesen Gottesdienst im Namen des Vaters und des Sohnes und des Heiligen Geistes. Amen.

Wir haben uns in diesem Gottesdienst ein Thema vorgenommen, das uns lange so selbstverständlich war, dass wir nicht darüber nachdenken mussten. Aber es ist zum Problem geworden, weil das Leben eines werdenden Menschen an seinem Lebensanfang bedroht ist – durch Eltern, die das Kind nicht wollen. Durch Forscher, die an Embryonen forschen wollen. Wer schützt dieses werdende Leben eines neuen kleinen Menschen? Was heißt es überhaupt, geboren zu werden? Was können wir aus der Bibel darüber erfahren, wie Menschen geboren werden?

❯ Kollektengebet

Lieber Herr und Gott, wecke uns auf, damit wir bereit sind, Dein Wort zu hören. Öffne unseren Mund zum Lob Deiner Werke. Sende Deinen Geist, dass er uns erfüllt mit dem Glauben an Jesus Christus. Sende Deinen Geist, dass er aus uns vielen einzelnen, so verschiedenen Menschen eins macht, seine Gemeinde. Amen.

❯ Lied: 317

❯ Psalm 139

> Chor: Da ich noch nicht geboren war (EG 37,2)

> Predigt zu Versen aus Ps 139

Liebe Gemeinde,

Weihnachten hat mit unserem Thema zu tun: „Wie Menschen geboren werden" zu tun: Du hast mich gebildet im Mutterleib … Du hast mich schön und herrlich bereitet … Deine Augen sahen mich, als ich noch nicht bereitet war … Viele andere Stellen aus dem Alten Testament könnte ich ihnen noch nennen.

Und dann ist da im Johannesevangelium von den Gotteskindern die Rede, „die nicht aus dem Blut noch aus dem Willen des Fleisches noch aus dem Willen eines Mannes, sondern von Gott geboren sind." In dem Weihnachtslied „Ich steh an deiner Krippen hier …" heißt es: „Da ich noch nicht geboren war, da bist du mir geboren und hast dich mir zueigen gar, eh' ich dich kannt', erkoren …" Die Bibel findet Sprache für das, für das wir selbst oft nur schwerlich eine Sprache finden, alte Kirchenlieder haben diese Sprache aufgenommen.

„Wie Menschen geboren werden" – Für die biblischen Menschen ein Wunder, dass neue Menschen werden und auf die Welt kommen. Ist das für uns auch noch ein Wunder? Oder ist es für uns selbstverständlich, weil wir ja bereits da sind und nicht mehr über unser Werden nachdenken müssen. Müssen wir dann noch über das „Wie" nachdenken? Warum sind wir *aufgefordert*, darüber nachzudenken, wann menschliches Leben beginnt, und das meint: wann das Leben eines je einzigartigen Menschen anfängt? Warum haben Politiker darüber debattiert und Journalisten und Kirchenleute, Naturwissenschaftler, Ärzte und Philosophen und auch die Männer und Frauen auf der Straße – und tun es bis heute, wenn auch nicht mehr so heftig.

Wir alle sind aufgefordert, als Bürger und Bürgerinnen sowie als Christ und Christinnen, uns darüber Gedanken zu machen. Ich war in den letzten drei Jahren öfter in solche Diskussionen eingespannt und habe den Schatz, den wir in der Bibel haben, immer mehr schätzen gelernt, und konnte manches davon weitergeben. Die Bibel erzählt uns etwas, worüber andere keine Auskunft geben können, wofür andere keine Sprache haben. Und das muss weitererzählt werden.

Aber ich will zunächst noch mal anders fragen: Ist es tatsächlich so selbstverständlich, dass wir überhaupt da sind, wir, die wir hier miteinander sitzen, du und ich?

Kinderfragen erinnern uns daran, dass das nicht so ist. Woher komme ich? Wo war ich, als ich noch nicht da war? Warum bin ich überhaupt da und nicht *nicht* da? Die Frage nach dem Woher ist die Frage nach dem Ursprung. Wenn kleine Kinder Familienfotos anschauen und sich darauf nicht finden, weil sie noch nicht auf der Welt waren, fragen sie bohrend: Aber wo war ich denn da? Ebenso fragen sie, wo gehe ich hin, wenn ich nicht mehr da bin, wenn ich sterbe? Woher und wohin? Niemand von uns ist aus eigenem Willen auf die Welt gekommen. Kinder können sich nicht dagegen wehren, dass sie geboren werden, und auch nicht dagegen, dass jemand sie nicht will, sie nicht auf die Welt kommen lässt.

Diese Kinderfragen sind Menschheitsfragen, die wir Erwachsenen leicht vergessen, und diese Kinderfragen irritieren uns als Erwachsene.

Der Lebensanfang und das Lebensende sind besonders bedroht, und müssen deshalb in besonderer Weise geschützt werden – so wie es auch unser staatliches Gesetz tut, so das Embryonenschutzgesetz, und heute besonders herausgefordert ist durch die neuen Möglichkeiten der Fortpflanzungsmedizin. Und dies tun auch die Kirchen, zum Beispiel in der Woche für das Leben, sie sprechen stellvertretend für die, die nicht selbst sprechen können, für Menschen, deren Existenz bedroht ist.

Liebe Gemeinde, wir könnten uns bei dem Blick in die Bibel gemächlich ausruhen, aber wir müssen den Blick umlenken auf unsere gesellschaftliche Wirklichkeit. Wie im Film die Kamera plötzlich umschwenkt auf eine ganz andere Szene – einen Filmschnitt nennt man das. Aber dabei wollen wir das vorher Gesehene und Gehörte nicht vergessen, und auch später wieder darauf zurückkommen.

Ich nehme Sie für einen kurzen Moment mit nach Berlin-Mitte, in die Oranienburger Straße. Vor ein paar Wochen machte jemand nachts eine Führung mit uns durch den Teil Berlins, wo früher viele Juden gewohnt haben und wo die Reste der großen Synagoge stehen, deren Kuppel golden über Berlin strahlte. Der Führer machte uns plötzlich aufmerksam auf eine Babyklappe, auch Mosesklappe genannt, in einem alten Gemäuer eines katholischen Krankenhauses, um uns herum ein lautes nächtliches Berlin. Hier können Mütter oder andere – man weiß eigentlich nicht, wer diese Menschen sind – ihr Baby reinlegen, wenn sie es nicht haben wollen, sich nicht in der Lage sehen, das Kind großzuziehen. Das Baby wird dann später von Betreuern herausgeholt, versorgt und später zur Adoption freigegeben. Leben schützen am Anfang, ein gutes Anliegen! Viele Menschen, besonders Frauen, engagieren sich hier. Trotzdem stellt sich das Problem: Das Kind weiß nichts von seinem Woher, von seinem Ursprung. Sein Ursprung bleibt ihm verborgen. Ist das gut so? Der Führer erzählte uns von einer Neuheit bei dieser Babyklappe, die es inzwischen in vielen Städten gibt: Das Kind wird eine Weile drin liegen gelassen, um der Mutter noch die Chance zu geben, sich alles anders zu überlegen ... Mich hat das alles sehr berührt, und mir kam die Idee: Jeder könnte sich das Kind auch herausnehmen. Das Leben an seinem Anfang ist bedroht!

Aber noch in ganz anderer Weise ist das werdende Leben bedroht, und das muss uns weiterhin beschäftigen, nicht nur die, die die Gesetze machen. Es handelt sich nicht mehr nur um das werdende Leben im Mutterleib, sondern um das werdende Leben außerhalb des Mutterleibes. Der Mutterleib ist für das Kind der natürliche Schutz, aber nach wie vor werden viele Kinder abgetrieben ... oft noch in den letzten Wochen. Auch hier ist also das Leben nicht einfach nur geschützt.

Der werdende Mensch außerhalb des Mutterleibes: Medizinische Forscher haben die Möglichkeit der künstlichen Befruchtung außerhalb des Mutterleibes entdeckt, das erste auf diese Weise erzeugte Baby wurde vor 25 Jahren in England geboren und einige Jahre danach ein Baby in Erlangen. Diese Möglichkeit wird heute von vielen Frauen in Anspruch genommen. Bei der künstlichen Befruchtung kommt es zu einer Befruchtung von Ei- und Samenzelle außerhalb des Mutterleibes im Labor. Ursprünglich gedacht für Ehepaare, die keine Kinder bekommen können, sich aber sehnlichst Kinder wünschen.

Auch hier könnte die Filmkamera verweilen bei der Geschichte eines Paares und dem drängenden Wunsch nach einem Kind und die Bereitschaft der Frau, viele Strapazen, oft mehrmals, über sich ergehen zu lassen.

Aber die Filmkamera lenkt den Blick jetzt in die Labore – so wie uns das im Fernsehen oft genug vorgeführt worden ist: ein kleiner Zellhaufen in der Petrischale oder unter dem Mikroskop. Darüber gebeugt Forscher in ihren weißen Kitteln. An diesem Embryo soll geforscht werden, er soll untersucht werden. Hier wird dann vom Embryo gesprochen, nicht mehr vom werdenden Kind. Und wenn wir vom Embryo sprechen, dann wird zugleich meistens gefragt: ist das schon menschliches Leben? Ist dieser kleine Zellhaufen am Anfang, fast nur durch das Mikroskop wahrnehmbar, schon ein Mensch? Darf an diesen sogenannten Embryonen geforscht werden? Ab wann ist das schon menschliches Leben? Und das meint: Bis zu welchem Zeitpunkt seiner Entwicklung dürfen wir an ihm forschen?

So hat sich uns allen die Frage aufgedrängt, wann menschliches Leben beginnt. Dabei wissen wir heute gerade aus naturwissenschaftlicher Erkenntnis, dass mit der Verschmelzung von Ei- und Samenzelle tatsächlich schon im Kern der „ganze" einzigartige Mensch, der geboren werden soll, vorhanden ist. So klein fängt er an, und ist doch schon ganz vorhanden. Das müsste alle staunen lassen – auch den Forscher, denn auch er selbst ist auf diese Weise geworden – so klein und doch schon vorhanden. Also müsste er wissen, dass es sich um einen kleinen werdenden Menschen handelt.

Aber Forscher sind neugierig, wissbegierig. Und sie wollen herausfinden, wie Krankheiten zu heilen und Schmerzen zu lindern sind. Tatsächlich profitieren wir manchmal davon. Wir gehen zu Ärzten und Ärztinnen und vertrauen uns ihnen mit unseren Krankheiten an. Und Menschen mit lebensbedrohlichen Krankheiten warten auf das neue Medikament oder die neue Methode, die ihnen helfen kann. Damit das geschehen kann, muss geforscht werden. Aber darf menschliches Leben dabei verbraucht werden? So ist vielfach argumentiert worden.

Aber bei dem, was hier passiert, geht es nicht mehr um Heilung, sondern um Tötung und Selektion. Hier wird menschliches Leben nicht mehr geschützt, sondern für die Forschung gebraucht, verbraucht, so bei der embryonalen Stammzellforschung, um aus den embryonalen Zellen neues Gewebe für das verbrauchte Gewebe von erwachsenen Menschen zu machen. Der Mensch als Ersatzteillager, so sprechen Kritiker. Oder aber es soll ausgewählt werden, welches Kind leben soll und welches nicht, welches Leben wert und welches unwert ist. Darf jemand entscheiden über den Anfang eines Menschen, ob er auf die Welt kommen soll oder nicht, weil er eine Behinderung hat, eine Erbkrankheit hat oder aller Wahrscheinlichkeit irgendwann einmal eine schwerwiegende Krankheit bekommen könnte. Dürfen Eltern das und dürfen Ärzte das? So haben immer wieder Menschen mit einer Behinderung während dieser Diskussionen ängstlich gefragt: Wäre ich dann heute überhaupt nicht da, wenn sich Eltern gegen mich entschieden hätten, wenn sie darüber befunden hätten, ob mein Leben lebenswert oder lebensunwert ist?

Der alte Kirchenvater Tertullian hat es im 4. Jh. schon so ausgedrückt, ohne die Kenntnisse zu haben, die wir heute haben: Ein Mensch ist schon, was ein Mensch erst werden soll. Er ist also nicht erst mal ein Zellhaufen und dann wird daraus ein Mensch. Jeder Mensch ein Mensch von

Anfang an, jeder Mensch, so wie er beschaffen ist ... jeder Mensch mit der Verschmelzung von Ei- und Samenzelle.

Die Bibel geht noch einen langen Schritt voran oder auch zurück: Menschen werden nicht einfach geboren von ihren Eltern, es ist viel mehr: Gott ruft uns Menschen ins Sein, in die Welt, jeden Einzelnen von uns, jeden einzigartigen Menschen, den es nur einmal gibt auf der Welt und in Gottes Schöpfung. Gott ruft uns ins Sein – Kinder plumpsen nicht einfach in die Welt hinein – ... ja und auch die, die ungewollt gekommen sind oder durch ganz schreckliche Umstände zustande gekommen sind, und es Müttern oft sehr, sehr schwer fällt, das Kind anzunehmen.

Menschen kommen nicht nur von Vater und Mutter her, sie haben noch einen weiteren Ursprung, sie kommen von Gott. Vater und Mutter sind bei dem Schöpfungshandeln Gottes beteiligt. Im Johannesevangelium wird das so ausgedrückt: wir sind von Gott geboren. Doch das kann nur im Glauben erkannt werden, dass wir die Kinder Gottes sind.

Und, liebe Gemeinde, die Bibel geht noch weiter: „Deine Augen sahen mich, als ich noch nicht bereitet war, und alle Tage waren in dein Buch geschrieben, die noch werden sollen und von denen keiner da war ..." Aber da heißt es auch weiter: „Aber wie schwer sind für mich, Gott, deine Gedanken. Wie ist ihre Summe so groß." Wie sollen wir das nur begreifen, aber wir sollen uns darauf verlassen können: Gott kannte uns, ehe wir geworden sind. Und bei Gott geht niemand verloren, auch die Kinder, die abgetrieben werden, die nur ein sehr, sehr kurzes Leben im Mutterleib hatten. Das kann gewiss ein Trost sein, aber es rechtfertigt nicht das Tun der Menschen. „Aber wie schwer sind für mich, Gott, deine Gedanken." – nicht nur für den Psalmisten, auch für uns.

In dieses Geheimnis kann keine Filmkamera neugierig hineinleuchten. Wir haben aber diese Worte, die um Vertrauen werben. Die Bibel geht noch einen Schritt weiter: So wie wir alle als Menschen geworden und geboren sind, so ist Gott selbst Mensch geworden in Jesus Christus. Auch dessen Werden dauerte neun Monate im Mutterleib. Auch Maria wurde aufgefordert vom Engel, diesen Jesus zu empfangen und in sich werden zu lassen. Jesus, ein Mensch aus Fleisch und Blut durch Maria – so sagt es Martin Luther. Gott hätte sich durchaus etwas Anderes ausdenken können, meint der Kirchenvater Cyrill von Alexandrien, aber er wollte das genau so, weil durch Jesu Geburt auch unser aller geschöpflicher Anfang gesegnet sein soll und gesegnet ist.

Liebe Gemeinde, wir haben hier tatsächlich mit der Bibel viel zu sagen zum geschöpflichen Anfang eines jeden neugeborenen Menschen. Und es ist unser Auftrag, das zu tun, das einzubringen in die Diskussion. Ich habe einiges von diesen Gedanken vor wenigen Wochen auf einer Tagung einer ehemaligen Bundestagsabgeordneten erzählt, die maßgeblich in Berlin beteiligt war an der Gesetzgebung. Sie hat diese Gedanken keineswegs abgewehrt, sondern eher überrascht aufgenommen …

Nicht nur, wenn wieder darüber in der Öffentlichkeit diskutiert wird, können wir uns wieder daran erinnern. Schon Weihnachten werden wir wieder daran erinnert, nicht nur an den Anfang Jesu, sondern an unser aller Anfang.

Da ich noch nicht geboren war, da bist du mir geboren, und hast dich mir zu eigen gar, eh ich dich kannt, erkoren. Eh ich durch

deine Hand gemacht, da hast du schon bei dir bedacht, wie du
mein wolltest werden.

❯ Fürbitten

Herr, wir denken an die Verstorbenen. Nimm sie in Dein
Friedensreich auf und tröste die Hinterbliebenen in ihrer
Traurigkeit und ihrem Schmerz.

Wir denken an die Kinder, die nicht zur Welt kommen.
Wir bitten, dass Du sie in Deinem Gedächtnis behältst
und sie in Dein Reich aufnimmst.

Wir denken an alle die Menschen, die mit dem Geborenwerden zu tun haben: Mütter, Väter, Hebammen, Ärztinnen und Pfleger. Wir bitten darum, dass sie sorgsam und
verantwortungsvoll mit dem neuen werdenden Leben umgehen und es nicht gering achten.

Wir denken an die Forscher. Lass sie darauf aufmerksam
werden und bleiben, was ihre Aufgabe ist und was nicht
ihre Aufgabe ist. Lass sie das werdende Leben achten.

Wir denken an die Politiker und Politikerinnen, die die
Gesetze machen. Schärfe Du ihr Gewissen, das sie richtige
Entscheidungen treffen, die gut für alle Menschen sind.

Wir bitten für uns. Lass uns nicht vergessen, dass Du der
Schöpfer eines jeden werdenden und neugeborenen Menschen bist, dass Du uns geschaffen hast. Amen.

❯ Segen

4.3 Gottesfamilie kontra Menschenfamilie?

> ### Begrüßung und Hinführung

Ich begrüße Sie zum heutigen Gottesdienst, liebe Brüder und Schwestern – darf ich Sie so nennen? Ist uns das noch geläufig, dass wir alle Kinder Gottes und damit Geschwister sind – Familie? Was ist Familie – darüber möchte ich heute Morgen mit Ihnen nachdenken.

> ### Kollektengebet

Lieber Vater, Du hast uns heute Morgen im Namen Deines Sohnes hier versammelt als Deine Kinder. Jede und jeder von uns kommt aus seinem Zuhause und mit seiner eigenen Lebensgeschichte. Wir wollen Dich miteinander loben, Dein Wort hören und nach Deinem Willen fragen. Lass uns bei Dir und in Deiner Gemeinde heute Morgen ein Zuhause finden. Amen.

> ### Predigt zum Text Mk 3,31–35

Liebe Gemeinde,

dieser Text ist in der Lutherbibel überschrieben mit fettgedruckten Buchstaben: *Jesu wahre Verwandte*. Die Überschrift ist vielleicht ein bisschen irreführend, gewiss aber provozierend. So könnten wir uns heute Morgen auch fragen, jeder für sich: Wer sind meine wahren Verwandten? Oder: Wem fühle ich mich verwandtschaftlich verbunden, wer ist mir zugehörig, oder: Wer hält zu mir, wer steht zu mir, wer hilft mir oder wem helfe ich? Wir denken an die leiblichen Verwandten, aber vielleicht denken manche auch an die Familie Gottes, als die wir uns heute Morgen hier versammelt haben. Ist das die wahre Familie? So können wir fragen, aber auch ganz persönlich: Ist das mein Zuhause?

Gewiss sieht das bei jedem von uns ein bisschen anders aus: Manch einer hat keine Familie mehr, mancher erinnert sich nur noch daran, und die Erinnerungen sind nicht unbedingt gute Erinnerungen. Da fühlt sich der oder die eine sehr wohl in der Familie, manche nicht. Manche bedauern, dass es keinen Kontakt mehr oder zu wenig Kontakt gibt zu den Kindern, manche fühlen sich im Stich gelassen von den Verwandten. Es ist sehr unterschiedlich, wie wir Familie leben, erleben. Das ist nicht immer gleichbleibend.

Gewiss könnte jeder von uns eine Menge darüber erzählen, und ich fände es spannend, ihnen zuzuhören. Das Thema Familie steht ja zur Zeit in der gesellschaftlichen und politischen Diskussion auf der Tagesordnung, gerade jetzt in Zeiten des Wahlkampfs. Viele meinen, etwas dazu sagen zu können. Viele wollen helfen, das Beste zum Gelingen der Familien beizutragen …

Liebe Gemeinde, liebe Brüder und Schwestern der Gottesfamilie, wir haben gemeinsam die Geschichte über Jesus und seine Familie gehört. Seine Brüder und Schwestern und die Mutter Maria werden genannt. Die leibliche Familie Jesu sucht den Kontakt zum Sohn und Bruder, der als Wanderprediger umherreist und das Volk belehrt, vom Reich Gottes predigt und die Menschen eindringlich zu Gott einlädt. Die leibliche Familie muss sich abweisen lassen.

Ist die leibliche Familie Jesus nichts mehr wert, hat er Wichtigeres, Größeres zu tun? So mögen auch heute manchmal

Familienangehörige fragen, wenn der Vater oder die Mutter zu sehr mit dem Beruf beschäftigt sind. Oder Eltern, wenn Kinder nur noch ihr eigenes Leben außer Haus leben wollen, zusammen mit Freunden und die Familie nur noch als Absteige benutzen. Alles andere einfach wichtiger ist. Oder eine große Aufgabe, eine große Berufung, wie hier bei Jesus, für einen Menschen im Mittelpunkt seines Lebens steht.

Zu schnell aber wird vergessen, dass Jesus bis zum Kreuz seine leibliche Familie hatte und Maria beim Tod Jesu am Kreuz dabei ist. Sie kennen gewiss Pietadarstellungen, auf denen Maria mit ihrem toten Sohn im Arm zu sehen ist. Dieses Geschehen hat viele Künstler angeregt und gewiss vielen Menschen geholfen und die getröstet, die Ähnliches erfahren haben. In der Apostelgeschichte wird davon erzählt, dass Maria bei der ersten Jerusalemer Gemeinde dabei war, ebenfalls die Brüder Jesu. Jesus hatte seinen Vater Josef, aber der Platz des Vaters bleibt für Gott reserviert. So könnte man sagen. Die leibliche Familie Jesu ist also durchaus im Blick, und dies nicht nur in Konfrontation zur geistlichen Familie, zur Gottesfamilie.

In der Geschichte wird nicht erzählt, was die leibliche Familie von Jesus will. Es scheint so, dass sie vorsichtig draußen stehen, sich nicht hereintrauen. Haben sie ein dringliches Anliegen? Sie schicken jemanden zu ihm und lassen ihn rufen? Warum gehen sie nicht selbst hinein, wie das in einer Familie eigentlich üblich ist, warum sitzen sie nicht mit unter dem Volk, zu dem Jesus predigt? Ist Jesus für sie zu groß geworden, zu unnahbar – der Sohn Gottes? Es kommt jedenfalls zu keinem Kontakt. Das Volk, das um ihn sitzt, erzählt Jesus von seiner Familie vor der Tür. Jesus antwortet ihnen mit einer Frage: „Wer ist meine Mutter und meine Brüder?" Jesus sagt *nicht*: „Ich will mit der alten, der leiblichen Familie nichts mehr zu tun haben." So ist das allerdings auch ausgelegt worden, familienkritisch.

Bei diesen Auslegungen stand der radikale Ruf Jesu in die Nachfolge im Zentrum: Verlasse alles, was dich bindet, woran dein Herz hängt, Weib und Kind, Besitz und Reichtum und anderes mehr und folge mir nach. Jetzt ist die Zeit, es drängt. In allen Zeiten haben das Menschen, die Christen geworden sind, erfahren, dass sie von ihren leiblichen Familien ausgestoßen worden sind, aber auch so, dass sie tatsächlich eine ganz neue Heimat in der Gemeinde gefunden haben, die in Konkurrenz trat zur leiblichen Familie.

In einem Seminar mit Studierenden erzählte ein Student, mit dem es die anderen Studierenden nicht so leicht hatten, von sich selbst. Er vertrat seine Meinung oft recht verbissen und kannte nur richtig oder falsch. Als er dann erzählte, ist mir einiges klar geworden und ich habe diese seine Geschichte nicht vergessen. Er erzählte von seiner schlimmen Kindheit, seinem bösen Vater, einem Trinker, und von seiner Drogenabhängigkeit und seiner verkorksten Jugend. Er sprach von seiner Bekehrung und davon, wie liebevoll er in einer Adventistengemeinde aufgenommen worden ist. Er sagte dies ganz überzeugt: „Gott ist mein Vater, und ich muss mich um den Alten und das, was er mir getan hat, nicht mehr kümmern. Er kann mir nichts mehr anhaben." Wir hörten stumm zu und sagten nichts mehr. Für den Moment verstummte die Kritik an ihm.

Ja, so kann es für Menschen sein, dass die Gemeinde ihnen so etwas wie eine gute Familie ist, dass sie ganz aufgehen in der Gottesfamilie oder sich zumindest eng mit den anderen Geschwistern verbunden fühlen. Andere sehen sich in größerem Abstand zu den anderen Mitchristen und Christinnen, wollen lieber für sich sein. Durch Christus, den Herrn der Gemeinde, gehören wir zusammen und werden immer wieder neu miteinander verbunden.

So wird das heute von vielen Menschen als Wunsch geäußert, gerade von denen, denen es in ihrer Kirche nicht mehr gefällt. Sie wollen sich wohl fühlen, sich geborgen und akzeptiert wissen. Sich wohl fühlen in ihrer Gemeinde, von allen geliebt werden. Das sind alles ganz verständliche Wünsche unseres Herzens. Und es gibt aktive Mitarbeiter und Mitarbeiterinnen in Gemeinden, die alles daran setzen, dass die Gemeinde zu einem heimatlichen Ort für möglichst viele Menschen wird, die in einer garstigen Welt nicht mehr zurechtkommen, umherirren und ihren Platz nicht finden.

Das ist schön und gut. Aber kann die Gemeinde wirklich Heimat sein in dem Sinn, dass wir in ihr und mit ihr genug haben, uns nur in ihr aufhalten und uns Mühe geben, uns gegenseitig zu lieben? Soll die Gemeinde Jesu Christi eine Wohlfühlgemeinde sein, eine Heimat im Sinne des Gemütlichen und Vertrauten, wo wir uns ausruhen? Eine Überzeugungsgemeinde, wo alle gleicher Meinung sind? Kann ich mir dann nicht die Gemeinde aussuchen, die mir gefällt?

So scheint es weitgehend in den USA zu sein. Menschen wechseln häufiger die Kirche und suchen die aus, die ihnen gefällt, die ihren momentanen Bedürfnissen entspricht. Es gibt die großen Megagemeinden von zigtausend Mitgliedern, die nicht mehr unbedingt einer Konfession angehören, die sich einfach einen Namen geben. Gemeinden, die die Bedürfnisse der Gemeindeglieder befriedigen wollen so wie die großen Malls, Einkaufszentren, wo man alles in ansprechendem Ambiente erledigen kann.

Die Frage nach der Heimat ist gewiss einerseits eine richtige Frage, aber Gemeinde und Gottesdienst ist auch der Ort, wo Menschen von Gott angeredet werden, getröstet werden, gestärkt werden im Glauben, aber auch herausgefordert werden, sich beanspruchen lassen und sich senden lassen zum Dienst in der Welt. Wohlfühlgemeinden, Überzeugungsgemeinden, Gemeinden als Heimat? Da ist was dran, aber wir müssen auch kritisch hinsehen, erst recht wenn wir das folgende Wort Jesu hören, das uns herausreißt aus unseren Träumen von der Gemütlichkeit der Zusammengehörigkeit: „Wer Gottes Willen tut, der ist mein Bruder und meine Schwester und meine Mutter."

Jesus sagt es den Menschen, die um ihn herum sind, einerseits zu: „Ihr seid meine Mutter, meine Brüder und meine Schwestern …" Aber dabei belässt er es nicht. Fast scheint es so, als ob Jesus eine Bedingung mit dieser Zusage verknüpft. „Denn wer Gottes Willen tut, der ist mein Bruder und meine Schwester und meine Mutter." Vom Willen Gottes zu sprechen, ist uns das noch vertraut, obwohl wir ja sonntäglich im Vaterunser beten: „Dein Reich komme, dein Wille geschehe". Jesus selbst hat es gebetet: Dein Wille geschehe.

Wir sprechen gern von unserem Willen, dem Patientenwillen etwa, vom starken Willen eines kleinen Kindes, von einem willensschwachen Menschen, wir sprechen von Selbstbestimmung und Autonomie – aber vom Willen Gottes sprechen? Gottes Wille ist nicht irgendetwas Dubioses, das letztlich schicksalhaft entscheidet oder hinter unserem Rücken wirkt. Der Wille Gottes ist nichts Geheimnisvolles im Hintergrund, sondern immer etwas Bestimmtes, etwas Klares. Den Willen Gottes tun, meint auch, anzunehmen, was Gott sich für mich, für mein Leben ausgedacht hat.

Gottes Wille ist es auch, dass wir die konkreten Gebote, die guten Werke tun, jetzt tun, in unserem Alltag tun. So wie uns das die Geschichte vom barmherzigen Samariter zur Anschauung bringt, die als Text diesem Sonntag zugeordnet ist. Jesus beantwortet die Frage nach dem Nächsten mit einer Geschichte, in die er den Schriftgelehrten verwickelt. Sie endet mit dem Aufruf Jesu an uns als Hörer und Hörerinnen der Geschichte: Gehe hin und tue desgleichen. Lass dir jemandem zum Nächsten werden und werde du jemandem zum Nächsten: hier und jetzt. So heißt es auch im Wochenspruch aus dem Matthäusevangelium: Christus spricht: „Was ihr getan habt einem dieser meiner geringsten Brüder, das habt ihr mir getan."

In diesem Sinne werden wir jeden Sonntag aus dem Gottesdienst gesendet in die Welt, dass wir annehmen, was Gott für uns will und dass wir das tun, was Gott will. Jeder Einzelne von uns, ob er eine leibliche Familie hat oder keine mehr. Es gibt jeden Tag Gelegenheit genug, zu tun, was Gott will – nicht nur in der Familie, aber auch in der Familie. Sicher ist die Gemeinde und der Gottesdienst der Ort, wo wir uns als die Gotteskinder um Gott und Christus versammeln, wo wir uns einander zugehörig fühlen dürfen, auch über den Gottesdienst hinaus. Das muss nicht nur ein Gedanke sein, das kann ein schönes Gefühl, ein heimatliches Gefühl sein.

Es will tröstlich für uns alle sein, wie auch immer es aussieht mit unseren leiblichen Verwandten, unserer leiblichen Familie. Wir sind alle als einzelne Person und wir sind als Familien der Gottesfamilie zugehörig als die Kinder Gottes und haben den einen Vater im Himmel und den gemeinsamen Bruder Jesus Christus, den Gott zum Herrn der Gemeinde eingesetzt hat. Und doch sollten wir auch dies ernstlich bedenken: „Als Volk Gottes ist die Kirche auf dem Weg und darf es sich dabei nicht gemütlich machen. Die Glieder des Leibes Christi sind nicht in erster Linie dazu da, um sich aneinander zu wärmen, sondern um an ihrem Haupt Maß zu nehmen. Der Heilige Geist dient nicht in erster Linie der privaten oder gemeinschaftlichen Erbauung, sondern treibt die Gläubigen über alle Grenzen hinaus an die Hecken und Zäune."

❭ Fürbittgebet

Wir bitten für die Menschen, die sich oft allein fühlen in unserer Gesellschaft. Lass sie bei Dir und in der Gemeinde ein Zuhause finden. Lass uns ihnen unsere Freundschaft anbieten.

Wir bitten für die Menschen, die allein stehen. Lass sie gute Kontakte zu anderen finden und sei Du ihnen ein guter Vater.

Wir bitten für die Menschen, die in Familien leben. Gib ihnen Freude aneinander und stärke ihr Miteinander. Lass sie von Dir Vergebung erfahren und bewahre sie vor Schaden. Lass die Gemeinde zu einem heimatlichen Ort für Menschen werden und gib die Kraft, dass wir uns untereinander lieben.

Zeige uns immer wieder, wohin Du uns sendest, was wir tun sollen, wie wir Deinen Willen erfüllen, und gib uns die Kraft dazu – immer wieder neu.

Vater im Himmel, wir bitten für unsere Gesellschaft, das wir nicht nur klagen und jammern und fordern, sondern erst einmal sehen, was wir alles an guten Gaben haben, und in rechtem Sinn darüber nachdenken, wie diese Güter in unserer Gesellschaft verteilt werden können. Amen.

❭ **Segen**

4.4 Kinder – eine Gabe Gottes

❭ **Musik**

❭ **Begrüßung**

Ich begrüße Sie herzlich zur Taizéandacht. Ich begrüße
Sie mit dem Psalmwort: *Kinder sind eine Gabe Gottes und
Leibesfrucht ist ein Geschenk.*

❭ **Lied: Jubilate servite**

❭ **Gebet: Psalm 127**

❭ **Lied: Meine Hoffnung und meine Freude**

❭ **Bildmeditation: Christus und die Kinder**

*Empfohlen: Emil Noldes berühmtes Gemälde dieses Namens; wenn
Sie es nicht besorgen können, finden Sie zur Projektion Daten auf
www.v-r.de bei der Anzeige des Buches: Gabriele Hafermaas, in
Horst Heinemanns „Hosentaschenbibel".*

Auf dem Bild entdecken wir eine bunte fröhliche Kinderschar, die sich um Christus schart. Sie recken ihre Arme und Ärmchen nach ihm, umfassen ihn und strahlen ihn an. Ein kleineres Kind klammert sich an die Mutter, schaut aber gleichzeitig neugierig zu Jesus hin. Ein schönes Bild: Christus und die Kinder. Wir könnten jetzt all den Kindern einen Namen geben. Kinder, die hier sind, können sich selbst in den Kindern sehen, und auch die Jugendlichen, die Erwachsenen können sich als die Gotteskinder verstehen, die sich um Christus scharen.

Es ist schön, dass es in unserer Wohngegend viele Kinder gibt und auch hier in der Gemeinde viele Kinder sind, und manchmal sind auch einige bei der Taizéandacht dabei, sind auch Konfirmanden und Konfirmandinnen dabei. Alle freuen sich darüber, so empfinde ich das.

Da will man dann gar nicht glauben, dass in unserem Land so wenig Kinder geboren werden, obwohl das nun mal eine Tatsache ist. Und immer wieder gefragt wird, ob wir überhaupt ein kinderfreundliches Land sind oder nicht. Sind Kinder willkommen oder stören sie uns eher?

Auch das Bild verrät nichts Gutes, sind doch da die eher finster, fragend und auch vorwurfsvoll wirkenden erwachsenen männlichen Gestalten, die Jünger Jesu. Sie wirken fast wie eine Gegenfront. Aber mit ihnen wollen wir uns jetzt nicht beschäftigen. Wir sehen auf Jesus, inmitten der Kinder – offen, ganz offen für sie. …

Wir kennen die Geschichte von der Kindersegnung, die bei jeder Taufe vorgelesen wird. Aus dieser Geschichte ist uns die Aufforderung Jesu bekannt. „Lasset die Kinder zu mir kommen und wehret ihnen nicht, denn ihrer ist das Reich Gottes."

Wir haben eben mit dem Psalm 127 gebetet: *Kinder sind eine Gabe Gottes und Leibesfrucht ist ein Geschenk.* Kinder sind nicht der Verdienst von Mann und Frau. Kinder sind nicht das Eigentum der Eltern. Gott hat uns Kinder als eine gute Gabe anvertraut, dass beide, Vater und Mutter, sie versorgen und erziehen und ihnen später andere dabei helfen – manchmal Großeltern, Erzieher und Erzieherinnen, Lehrer und Lehrerinnen, Freunde und Freundinnen, Pfarrer. Kinder sind nicht nur eine Privatangelegenheit von Eltern, sie gehen die ganze Gesellschaft an – auch davon spricht der Psalm. Das alles können wir den männlichen Gestalten auf dem Bild zurufen.

Es ist ein Geschenk Gottes und ist uns eine Freude, Kinder zu haben und mit ihnen zu leben. Aber es kostet auch viel Arbeit und Einsatz – und das jeden Tag aufs Neue über lange Jahre hinweg. Da gibt es auch Frust und Enttäuschung und Anfechtung, Versagen und Fehler. Wir können hier einen Moment verweilen und an Mütter und Väter und Erzieherinnen und Lehrerinnen denken, die diese hier so fröhliche Kinderschar kennen und auch anders kennen, Kinder, die ihnen Schwierigkeiten und Sorgen machen und ihre Kraft fordern. Wir sollen das anerkennen und sie dafür ehren. So hören wir es im vierten Gebot· „Du sollst Vater und Mutter ehren …"

Kinder werden größer, doch sie bleiben die Kinder ihrer Eltern auch dann. Der Psalm nennt die Jugendlichen und bedenkt sie mit starken, kriegerisch wirkenden Worten: „Wie Pfeile in der Hand eines Starken, so sind die Söhne der Jugendzeit. Wohl dem, der seinen Köcher mit ihnen gefüllt hat. Sie werden nicht zuschanden, wenn sie mit ihren Feinden verhandeln im Tor."

Gewiss sind hier nur die Söhne genannt, weil der Psalmist an die jungen Kämpfer, die Soldaten denkt, die bereit sind, das Land zu verteidigen. Nicht nur sind heute auch Frauen Soldatinnen, es gibt sie auch so die starken jungen Mädchen und Frauen.

Junge Frauen und junge Männer, Heranwachsende haben Kraft, haben Ideen und fordern uns heraus. Sie machen uns durch ihre Kraft selbst stärker. Sie gehen oft ihre eigene Wege, die nicht die unseren sind, und manche können wir nur schweren Herzens mitgehen. Der Vers macht uns bewusst, wie wichtig junge Leute für die Gesellschaft und den Staat sind, und dass sie gebraucht werden. Wohl dem Land, das viele Kinder an! Da muss es uns beunruhigen, dass es so eine große Zahl arbeitsloser Jugendlicher gibt und viele keine Chance sehen. Viele haben durchaus nicht das Gefühl, dass sie wichtig sind für die Gesellschaft und gebraucht werden. Martin Luther sagt es so: *Das ist ein glücklicher Staat, der diesen Segen hat, und erkennt, dass er eine Gabe Gottes ist.*

Kinder sind eine Gabe Gottes, so sagt es der Psalm. Kinder sind uns anvertraut in einem guten Sinn. Dafür steht auf dem Bild die eine Mutter, die ihr Kind auf dem Arm hält. Uns ist von Gott aufgetragen, Kinder zu bekommen, sie gut zu versorgen und sie zu erziehen. Gott gibt dem seinen Segen. Er will für das gerade stehen, was daraus wird, aus unseren Kindern, aus unseren Familien, wir können nur unser Bestes geben, und das fängt bei den ganz kleinen wichtigen Dingen an, das Essen besorgen, das Anziehen der Kinder, das Zubettbringen, später dann vor allem das Zuhören und Anteilnehmen. Kinder zu bekommen und zu erziehen, das ist Arbeit: Hausarbeit, Betreuungsarbeit und Erziehungsarbeit.

Aber was aus allem wird, das dürfen wir getrost Gott überlassen, das können wir nicht selbst in die Hand nehmen wollen. Dazu will uns der Psalm einladen: „Wenn der Herr nicht das Haus baut, dann arbeiten umsonst, die daran bauen." Amen.

❯ **Lied: Bei Gott bin ich geborgen**

❯ **Fürbitten**

❯ **Lied: Domine deus**

❯ **Vaterunser**

❯ **Lied: Dona nobis pacem domine**

❯ **Segen**

Wenn der Herr nicht das Haus baut, so arbeiten umsonst, die daran bauen. – Gott segne das Werk unserer Hände. So gehet nun hin im Frieden des Herrn. Amen.

❯ **Lied: Bleib mit deiner Gnade**

❯ **Musik**

4.5 Die Familie – die heilige Familie

❯ **Musik**

❯ **Begrüßung**

Ich begrüße Sie herzlich zur Taizéandacht mit dem Wort
Jesu: *Kommet her zu mir alle, die ihr mühselig und beladen
seid, ich will euch Ruhe gewähren.*

❯ **Lied: Laudate omnes gentes**

❯ **Gebet: Psalm 1**

❯ **Lied: Exaltabo te, deus meus**

❯ **Bildmeditation: Die heilige Familie**

Projizieren (Daten zum Download auf www.v-r.de bei der Anzeige des Buches)

Ein Familienbild – so wie manche Familien heute hier sitzen: gemeinsam aufgebrochen, um gemeinsam zu feiern und dann gemeinsam heimzukehren. Andere Familie haben „Abgeordnete" geschickt: nur die Mutter, den Vater, die Großmutter. Oder den Konfirmanden. Andere wiederum sind allein hier, weil sie allein sind. Vielleicht erinnert das Bild Sie an die eigene Familie, an andere Zeiten, an Gutes und nicht so Gutes.

Dieses Familienbild ist ein Bild der heiligen Familie: Josef, Maria und das Kind Jesus. Es ist eine ungewöhnliche Darstellung. Die Bilder, die wir in Erinnerung haben, zeigen immer die Mutter mit dem Kind im Vordergrund, Josef ist meistens als alter Mann am Rande oder im Hintergrund dargestellt. Hier sind Maria und das Kind im Hintergrund, sie lesen in einem Buch oder Maria liest Jesus aus dem Buch vor. Josef steht im Vordergrund, der junge Mann und Vater als Handwerker an seiner Hobelbank. Er schaut ins Weite, eine Hand an die Brust gelegt, der arbeitsame, für seine Familie sorgende und der fromme Josef. Gewiss kann man das Bild ein wenig kitschig finden und es auch kritisch betrachten, aber nehmen wir es heute wohlwollend ernst und betrachten es aufmerksam.

Im Hintergrund sehen wir eine Stadt, Wasser, ein Segelboot. Die heilige Familie mitten im Leben – ganz einfach eine normale Familie, und doch die heilige Familie.

Ich weiß nichts über dieses Bild, das Sheila Gutknecht im Urlaub in einer Kirche auf der Insel Kirk in Kroatien entdeckt und fotografiert hat. Es ist gewiss kein künstlerisch wertvolles Bild, aber es ist ein Bild, dass wahrscheinlich gegen Ende des 18. Jh. bzw. Anfang des 19. Jh. entstanden ist, in einer Zeit, in der die katholische Kirche und die Künstler die heilige Familie neu entdeckt haben. Nun haben sie auch Josef einen Platz als Familienvater und als Schutzpatron eingeräumt, nachdem Jahrhunderte lang Maria als Gottesmutter allein im Zentrum des Glaubens und der Frömmigkeit stand und bis heute steht.

An einem der Sonntage nach Weihnachten ist der heiligen Familie in der katholischen Kirche ein Sonntag gewidmet. Hier geht es um die irdische Familie Jesu, aber auch um unsere Familien, die es gerade in der heutigen Zeit nicht so leicht haben: Familien, die oftmals zerbrechen, auseinandergehen. Und oft bleiben dabei viele Wunden und tiefe Enttäuschungen zurück, vor allem bei Kindern. Familien, in denen es Streit gibt, aber in denen auch viel Gutes geschieht zwischen Vater, Mutter und Kindern, zwischen den Geschwistern und manchmal auch mit den Großeltern und anderen Verwandten und Freunden. Von der Familie ist heute auch politisch häufig die Rede. Aber dabei darf nicht nur an das Geld gedacht werden. Die Familie braucht Anerkennung in der Gesellschaft, einen besonderen Schutz und Hilfe, dass das Miteinanderleben gelingt, und den Zuspruch, dass Vater und Mutter ihr Elternsein ernst nehmen und Kinder sich als Kinder ihrer Eltern verstehen.

Betrachten wir noch einmal Josef. Was erfahren wir aus der Bibel über die Rolle Josefs, der von den Theologen meistens stiefmütterlich behandelt wird? In den Evangelien können wir Neues über ihn entdecken. Obwohl uns die beiden Evangelien Lukas und Matthäus davon berichten, dass Jesus ohne menschliche Zeugung von Maria empfangen, ausgetragen und geboren worden ist, ist Josef der Vater Jesu und der Familienvater. Jesus lebte bis zu seinem öffentlichen Auftreten in einer normalen Familie, der Vater war ein Zimmermann. Von dem Familienleben berichtet die Bibel allerdings nichts.

Im Matthäusevangelium hören wir mehr von Josef. Dem der Maria verlobten Josef erscheint der Engel Gottes und erzählt ihm von der Schwangerschaft Marias durch den heiligen Geist, und dass sie den Messias Israels zur Welt bringen wird. Auch er bekommt mitgeteilt – wie Maria –, um wen es sich bei Jesus handelt. Josef ist also eingeweiht in das Geheimnis Jesu.

Der Evangelist erzählt, dass Josef sich davon machen will, als er erfährt, dass Maria schwanger ist. Seine Ehre ist verletzt, welche Schande! Aber der Engel Gottes redet ihm zu. Und Josef denkt an Maria, er will Maria nicht in Schande bringen. Er folgt den Worten des Engels.

Es ist noch nicht so lange her, dass ein uneheliches Kind eine Frau in größte Schande brachte und ihr Leben in der Gesellschaft verwirkt war. Hier ist viel Leid und Unrecht geschehen. Davon erzählt nicht zuletzt die große Weltliteratur. Und wie viele Männer machen sich bis heute davon, sie wollen nicht Vater werden und Verantwortung für ein Kind übernehmen. Vieles hat sich geändert und wird sich gewiss noch ändern, so auch dies: dass nicht mehr nur Väter an der Hobelbank stehen so wie Josef und das Geld herbeischaffen für die Familien, während sich die Mütter um die Kinder und das Zusammenleben kümmern, sondern dass auch die Väter beteiligt sind am Familiengeschehen. In manchen Familien steht heute die Mutter an der Hobelbank oder Vater und Mutter stehen an der Hobelbank, und Vater oder Mutter oder beide sitzen mit den Kindern und lesen in einem Buch.

Der Evangelist erzählt, dass Josef Maria als seine Frau zu sich nimmt. Josef wird der irdische Vater Jesu, auch wenn er nach biblischem Zeugnis nicht sein leiblicher Vater ist und Jesus einen göttlichen Vater hat. Josef hat nicht an seine eigene Ehre gedacht, er befolgt das Wort Gottes, Maria als seine Frau zu sich zu nehmen. Josef steht zu Maria.

Wir erinnern uns auch an die Geschichte und an Bilder von der Flucht des neugeborenen Jesus nach Ägypten – mit Vater und Mutter, Maria und das Kind auf dem Esel. Herodes trachtete nach dem Leben des Kindes. Auch hier folgt Josef dem Wort des Herrn, vom Engel verkündigt, und sorgt sich um Maria und das Kind bei der Flucht und der Rückkehr nach Nazareth.

So können wir Josef aus der Vergessenheit zurückholen und ihm als dem irdischen Vater Jesu den Platz zugestehen, der ihm in der Heilsgeschichte zukommt. Gott war auf das Mittun Josefs angewiesen so wie er auf das Mittun Marias angewiesen war.

Wir können Josef einen Frommen, einen Gerechten nennen, so wie von ihnen im Alten Testament die Rede ist, auch in dem Psalm, den wir eben gebetet haben. Gerechte, das sind solche Männer und Frauen, die dem Wort Gottes folgen, das Gute tun und nicht nach dem eigenen Ansehen und dem eigenen Gewinn und Nutzen fragen, so wie heute gesagt wird: „Was bringt mir das?" Oder: „Das bringt mir aber nichts – ich mache mich höchstens lächerlich."

Josef handelte unabhängig von seinem gesellschaftlichen Ansehen. Darin kann er uns ein Vorbild sein.

„Wohl dem, der nicht wandelt im Rat der Gottlosen noch tritt auf den Weg der Sünder noch sitzt, wo die Spötter sitzen, sondern hat Lust am Gesetz des Herrn und sinnt über ihm Tag und Nacht. Der ist wie ein Baum, gepflanzt an den Wasserbächen, der seine Frucht bringt zu seiner Zeit, und seine Blätter verwelken nicht. Und was er macht, das gerät wohl." Amen.

❯ Chor

❯ Fürbitten

❯ Lied: Domine deus

❯ Vaterunser

❯ Lied: Dona nobis pacem domine

❯ Segen

Gott segne das Werk deiner Hände, dass es gelinge in Schönheit. – So gehet nun hin im Frieden des Herrn. Amen.

❯ Lied: Bleib mit deiner Gnade bei uns

❯ Chor

4.6 Das Haus Gottes und die Häuser der Menschen

❭ Musik

❭ Begrüßung

Ich begrüße Sie herzlich zur Taizéandacht mit dem Psalm-wort: *Wie lieb sind mir, deine Wohnungen, Herr Zebaoth. Meine Seele verlangt und sehnt sich nach den Vorhöfen des Herrn. Mein Leib und Seele freuen sich in dem lebendigen Gott.*

❭ Lied: Jubilate servite

❭ Gebet: Psalm 84

❭ Lied: Confitemini domine

❭ Bildmeditation: Vogelnest

Projizieren (Daten zum Download auf www.v-r.de bei der Anzeige des Buches)

Lange Zeit habe ich in meinem inneren und äußeren Bilderschatz nach einem Bild für das Gemeindefest gesucht, bis es mir dann sozusagen zugeflogen ist in Gestalt einer Amsel, die an unserem Hauseingang das Nest für ihre fünf Jungen gebaut hat. Es war nicht die Schwalbe, von der der Psalm spricht, es war eine Amsel, die ihre Eier ausgebrütet hat, wachsam gegenüber allen, die ein- und ausgingen. Die sie schließlich unermüdlich gefüttert hat, bis sie dann nach kurzer Zeit flügge geworden sind und sich davon machten, zunächst in den Sauerkirschbaum vor dem Haus. Dort waren sie noch zu sehen bei ihren ersten Flugversuchen und vor allem waren sie zu hören. Zugeflogen und wieder weggeflogen, zurück bleibt die Erinnerung und das Bild, über das wir heute abend ein wenig meditieren wollen.

An unserem Hauseingang hängt ein Schild, das mir einmal eine Freundin geschenkt hat: *Meet me in church on sunday.* (Triff mich am Sonntag in der Kirche). Manchmal haben mich Besucher darauf angesprochen. Weiter unten hängt am Türpfosten eine Mesusa, die wir vor Jahren aus Israel mitgebracht haben: eine Wachstafel, auf der in hebräischer Sprache die zehn Gebote eingeritzt sind. Eine solche Mesusa, ein Kästchen hängt in jüdischen Häusern und Wohnungen an der Haustür, in dem Kästchen eingerollt ein Papier mit einem biblischen Wort und dem jüdischen Glaubensbekenntnis. Im 5. Buch Mose heißt es: *„und du sollst sie schreiben (die guten Weisungen für das Leben) auf die Pfosten deines Hauses und an die Tore."* Unsere Mesusa ist eine alte, die früher in einem Beduinenzelt hing – ich habe sie bei einem Antiquitätenhändler in Israel gekauft.

Wie oft sind wir tagtäglich durch die Tür gegangen, ohne diesen Dingen die geringste Beachtung zu schenken. Sie waren einfach da, gehörten zum Hauseingang dazu. Plötzlich bekam alles durch das Zugastsein der Amseln eine Bedeutung, einen Zusammenhang. Sie sehen auf dem Foto, wie das Schild das Vogelnest festhält. Es konnte nicht herunterfallen.

Als ich die Amselmutter einmal nachts schützend auf ihren Amselkindern sitzen sah, kam mir das staunende Glaubenswort aus dem 37. Psalm in den Sinn: *Wie köstlich ist deine Güte, Gott, dass Menschenkinder unter dem Schatten deiner Flügel Zuflucht haben.* Oft werden in der Bibel Bilder aus der Natur gebraucht, wenn von Gott und seinem Handeln an uns Menschenkindern die Rede ist. Die Natur und die Kreatur ist die Schöpfung Gottes, nicht nur wir Menschen sind die Geschöpfe Gottes. Wir Menschen brauchen solche Bilder, um von Gott zu reden, weil wir Gott ja nicht definieren und beweisen können und uns kein Bild von Gott machen sollen. Mit dem Psalmwort aber können wir von Gott sagen: So wie Vogelkinder unter den Flügeln der Vogeleltern Zuflucht nehmen können, so können die Menschenkinder bei Gott Zuflucht nehmen.

Aber dann hat sich mir ein anderer Psalm sozusagen in die Erinnerung und Vorstellung gesungen und hat sich für mich mit diesem Amselereignis und diesem Bild unseres Hauseingangs verbunden. Wir haben ihn eben gebetet: „Wie lieblich sind mir Herr, deine Wohnungen … der Vogel hat ein Haus gefunden und die Schwalbe ein Nest für ihre Jungen – deine Altäre, Herr Zebaoth, mein König und mein Gott. Wohl denen, die in deinem Hause wohnen, die loben dich immerdar. Wohl den Menschen, die dich für ihre Stärke halten und von Herzen dir nachwandeln … Ich will lieber die Tür hüten in meines Gottes Hause als wohnen in der Gottlosen Hütten."

Vom Wohnen und von den Häusern ist im Psalm die Rede, von den Häusern für die Vögel, von den Häusern für die Menschen und vom Haus Gottes. Ein Zuhause haben, wissen, wo wir hingehören – ein Zufluchtsort in einer unruhigen Zeit, wo wir uns hier und da aufhalten, räumlich und zeitlich. Aber auch geistig: Wir hören dies und jenes, hier eine kritische Zeitanalyse, da große oftmals auch hohle Worte, die in uns hineinrieseln, seien es die Reden von Politikern. Es werden viele Worte gemacht, gerade dann, wenn was nicht in Ordnung ist. Auch geistig ein verlässliches Zuhause haben dürfen, das verspricht uns der Psalm.

Ein Philosoph hat von der „Unbehaustheit der Menschen" gesprochen. Dieser Psalm will uns behausen, beheimaten in der Welt, nicht nur in unseren eigenen Häusern. So beheimaten in der Gottesgemeinde, dass auch unsere menschlichen Häuser festgehalten werden in der Welt – so wie auf dem Bild das Amselnest von dem Schild festgehalten wird. Unsere menschlichen Häuser, unsere Familien, unsere Lebenshäuser – und vergessen wir nicht, dass diese für viele Menschen auf der Welt nur aus Baracken und Lehmhäusern bestehen oder einer Zeitung für die Nacht, mit der sie sich zudecken. Gott will gerade für sie ein Zuhause sein.

Beheimatet werden im Gotteshaus. Mit dem Haus Gottes ist nicht einfach nur der Kirchenraum gemeint, wohl aber der Gottesdienst, auch die Bibel, so wie dieser Psalm, wenn wir ihn hören, sprechen oder singen – er beheimatet uns in der Gemeinde und in Gottes Welt. Martin Buber spricht in seiner Übersetzung von Gott als dem Umscharten. Die Gemeinde schart sich um ihn im gemeinsamen Gotteslob der Kleinen und der Großen. Als Christen und Christinnen können wir sagen, dass wir uns um Christus

scharen. *Wohl denen, die in deinem Hause wohnen, die loben dich immerdar.*

Für das Unterwegssein in der Welt und das gemeinsame
Wohnen in den Häusern, den menschlichen Häusern,
dem Haus Gottes und dem politischen Haus brauchen wir
Worte und Weisungen. Daran mag die Mesusa erinnern.
„Wohl den Menschen, die dich für ihre Stärke halten und
von Herzen dir nachwandeln". Amen.

❭ **Chor: Wie lieb sind mir deine Wohnungen
(Felix Mendelssohn-Bartholdy)**

❭ **Fürbitten**

❭ **Lied: Domine deus**

❭ **Vaterunser**

❭ **Lied: Ubi caritas**

❭ **Segen**

„Der Herr ist Sonne und Schild, Gunst und Ehre gibt Gott,
das Gute versagt er nicht ihnen, die in der Schlichtheit gehen. Du Umscharter, Glück ist des Menschen, der sich si-
chert an Dir."[4] – So gehet nun hin im Frieden des Herrn.
Amen.

❭ **Lied: Dona nobis pacem domine**

---

4 Die Übersetzung dieses Verses stammt von Martin Buber.

5 ALTE MENSCHEN – LEBENSENDE

5.1 Alt werden und von Neuem geboren werden

❯ Begrüßung und Hinführung

Guten Morgen, liebe Gemeinde, und herzlich willkommen zum Gottesdienst. Ist es ein guter Morgen? Oder standen Sie heute früh ein wenig entsetzt vor dem Spiegel: Wie bin ich alt geworden? Lassen Sie uns heute einmal über dieses Thema nachdenken: Ist es eigentlich schlimm, alt zu werden? Und wenn wir es so empfinden: Wo finden wir Trost?

❯ Kollektengebet

❯ Predigt zum Text 1 Petr 1,1–12

Liebe Gemeinde,

ein starker Hymnus voller alter Sprache, starker Worte – fast barock klingend. Ich würde diesen Hymnus gerne als Musik hören, vertont in einem Requiem, leider ist der Text in dem wunderschönen Brahm'schen Requiem nicht vertont. Es fällt eher schwer, über einen solchen gewaltigen Text zu predigen, und man möchte ihn einfach so stehen lassen und zuhören, ihn in sich aufnehmen und zu Herzen gehen lassen.

Wir dürfen uns mit hineinziehen lassen in die Sprache, die wir im Alltag nicht sprechen, wir dürfen uns von den Worten, den unvergänglichen Worten trösten lassen, uns Hoffnung schenken lassen gegen alles Sorgen und Nachdenken, gegen alle Anfechtungen, die auch glaubende Menschen haben.

Wir wollen den Text aus dem Petrusbrief heute Morgen aber auch ein Stück weit verstehen lernen, auch das Verstehen können kann uns trösten. Und diesen Trost brauchen wir alle immer wieder. Trost brauchen, das ist kein menschlicher Mangel, das gehört zu uns Menschen dazu – jedenfalls wenn wir biblischem Denken folgen. Hier werden wir nicht einfach aufgefordert, stark zu sein. Die biblische Sprache weiß um unsere Anfälligkeit und Hinfälligkeit.

Sie haben vielleicht schon gemerkt, dass es sich bei unserem Predigttext um einen ganz wichtigen Text aus der Bibel handelt, er behandelt ein zentrales Thema christlichen Glaubens: die Hoffnung auf die Auferstehung der Toten. Jeden Sonntag sprechen wir dies im Glaubensbekenntnis so aus: Ich glaube an den Heiligen Geist, den Geist Gottes, die Kraft Gottes, durch die die Auferstehung der Toten bewirkt wird.

Der Apostel Petrus hat diesen Brief geschrieben an einzelne weit verstreut liegende Gemeinden, die am Anfang alle aufgezählt werden. Petrus redet die Christen und Christinnen in den Gemeinden so an: ihr auserwählten Fremdlinge. Petrus will diese und uns nicht einfach belehren, nein er will ihren und unseren Glauben stärken.

Der Brief beginnt mit einem großen Lob Gottes, dem Vater unseres Herrn Jesus Christus. Von ihm sagt der Apostel, dass er uns wiedergeboren hat zu einer lebendigen Hoffnung durch die Auferstehung Jesu Christi von den Toten. Darauf dürfen wir nun selbst als Christen und Christinnen hoffen, auf unsere eigene Auferstehung, weil Christus von den Toten auferstanden ist.

Das ist der gute, der einzige Grund für unsere Hoffnung, dass Christus auferstanden ist von den Toten. Hoffnung haben, das ist das Wichtigste, wenn es um das Sterben und den Tod geht. Der Apostel spricht mit großer Überzeugung davon.

Er spricht vom Wiedergeboren werden, vom Von-Neuem-geboren-Werden. Was meint er damit? So wie wir selbst fragen mögen, so hat auch der gelehrte Nikodemus Jesus gefragt: Wie soll das denn zugehen? Nun einmal geboren worden sind wir alle, von einer Mutter geboren worden. Und die eine oder andere von uns heute morgen ist selbst Mutter und hat Kinder geboren und weiß recht gut Bescheid darum. Vielleicht weiß sie auch etwas davon, was es heißen kann, von Neuem geboren zu werden.

Das hat meine Mutter einmal zu mir gesagt und das fällt mir immer wieder ein bei diesem Text. Ich war als Studentin mit dem Auto unterwegs und hatte mich tagelang nicht gerührt, anders als verabredet und anders, als sie es sonst von mir gewohnt war. Mich hatte tatsächlich eine andere Lebensweise in den Bann gezogen. Zuhause hatten sie sich die größten Sorgen gemacht. Dann rief ich an und sie sagte am Telefon zu mir: Du bist mir wie neu geboren.

Nikodemus fragt Jesus: „Wie kann ein Mensch geboren werden, wenn er alt ist? Kann er denn wieder in seiner Mutter Leib gehen und geboren werden?" Jesus antwortet ihm: „Es sei denn, dass jemand geboren wäre aus Wasser und Geist, so kann er nicht in das Reich Gottes kommen."

Glauben heißt: von Neuem geboren werden, als Kind Gottes geboren werden und ihm angehören im Leben und im Sterben, dies in der Hoffnung, einst das Angesicht Gottes zu schauen. Ihm unverbrüchlich angehören und nicht verloren gehen, auch wenn wir uns manchmal verloren fühlen in der Welt und verlassen von den Menschen. Eindringlich will der Apostel uns das mitteilen gegen allen Zweifel und alles Nichtverstehen können.

Petrus gebraucht ein starkes Bild, er spricht vom unvergänglichen und unbefleckten und unverwelkten Erbe, das im Himmel für uns aufbewahrt ist. Wie dürfen wir das verstehen: unverwelklich, unbefleckt, unverwelkt?

Altwerden und Altsein ist ja für uns schon leiblich gesehen damit verbunden, dass wir hinfällig werden, die Kraft der Knochen nachlässt, das Hören und Sehen, die Haut fleckig und welk wird und wir spüren, dass wir vergänglich sind. Wir sind eben nicht unvergänglich, obwohl uns das heute vorgegaukelt wird: anti-aging. Die Falten sollen weggemacht werden, die Haut gestrafft, Pillen werden geschluckt und Cremes auf die Haut gestrichen. Hilft das, kann das alles das Altwerden aufhalten?

Aber manche Menschen sind froh, wenn es mit dem Leben ein Ende hat, wenn es endlich geschafft ist, gerade dann, wenn die Schwachheit und die Krankheit groß ist oder das Alter einfach lästig wird.

Und da ist uns nun ein Erbe versprochen, das mit einer billigen Vertröstung nichts zu tun hat. Alles das, was uns hier zu schaffen macht, wird dort nicht mehr sein: die Krankheit und das Leid, die Tränen und die Anfechtungen, das Altern und das befleckte Leben, das ja auch meinen kann, dass es in unserem Leben auch Schuld gibt, viel Fragmentarisches, Unangenehmes, Belastendes und Schreckliches, das wir nicht loswerden. Das „alles Loswerdenwollen" mögen wir uns wünschen, aber es ist nicht das Ziel und die Hoffnung des Glaubens.

Das Ziel des Glaubens ist es, Gott und Christus zu sehen. So sagt es Paulus im Korintherbrief: „Wir sehen jetzt durch einen Spiegel ein dunkles Bild, dann aber von Angesicht zu Angesicht. Jetzt erkenne ich stückweise, dann aber werde ich erkennen, wie ich erkannt bin."

Petrus spricht von der unaussprechlichen und herrlichen Freude, er spricht vom Ziel des Glaubens als der „Seelen Seligkeit". Wie oft im Leben ist es uns schwergefallen und fällt es uns schwer zu glauben, und wie oft kamen und kommen Zweifel.

Wie oft stand der Glaube und steht der Glaube auf schwachen Beinen, gerade wenn die Gedanken auf das Sterben gerichtet sind. Aber die Bibel richtet den Gedanken nicht auf den Tod als das Ende, nicht auf das Sterben des Menschen, sondern auf das Ziel: das ewige Leben, bei Gott und Christus zu sein.

„Dann werdet ihr euch freuen, die ihr jetzt eine kleine Zeit, wenn es sein soll, traurig seid in mancherlei Anfechtung." So eine Anfechtung kann das Altwerden und der Gedanke an das Sterben sein, die Krankheit und für viele Menschen das Abhängigwerden und Abhängigsein von anderen Menschen, die sie pflegen, die sie füttern und manchmal windeln, ihren oft verwirrten Gedanken und Erinnerungen zuhören, manchmal nur noch ihrem Stammeln oder Lachen Aufmerksamkeit schenken – so wie wir das bei kleinen Kindern, bei Säuglingen tun. Mir sagte einmal eine Frau, die ihre sehr alte Mutter pflegt, dass es ihr vorkommt, als ob sie ein kleines Kind versorgt. Wir brauchen uns dafür nicht zu schämen, das Schwachwerden, das Altwerden und Sterben haben wir nicht in der Hand, können wir nicht selbst steuern, ebenso wenig wie wir das Geborenwerden in der Hand haben.

Martin Luther hat in einem mir wichtigen Text sehr schön beschrieben, was es mit dem Sterben und dem Übergang ins neue Leben auf sich hat. Ich will ihnen daraus vorlesen: „Wenn so jedermann Abschied auf Erden gegeben ist, dann soll man sich allein zu Gott richten, wohin der Weg des Sterbens sich auch kehrt und uns führt. Und hier beginnt die enge Pforte, der schmale Steig zum Leben. Darauf muss sich ein jeder getrost gefasst machen … Es geht hier zu, wie wenn ein Kind aus der engen Wohnung in seiner Mutter Leib mit Gefahr und Ängsten geboren wird in diesen weiten Himmel und Erde, das ist unsere Welt."

Ebenso geht der Mensch durch die enge Pforte des Todes aus diesem Leben. Und obwohl der Himmel und die Welt, darin wir jetzt leben, als groß und weit angesehen werden, so ist es doch alles gegen den zukünftigen Himmel so viel enger und kleiner, wie es der Mutterleib gegen den Himmel ist… Darum muss man das glauben und an der leiblichen Geburt eines Kindes lernen, wie Christus sagt: Ein Weib, wenn es gebiert, so leidet es angst. Wenn sie aber genesen ist, so gedenkt sie der Angst nimmer, diweil ein Mensch geboren ist von ihr in die Welt. So muss man sich auch im Sterben auf die Angst gefasst machen und wissen, dass danach ein großer Raum und Freude sein wird. So weit Martin Luther.

Wir brauchen diese Bilder, dass wir uns daran halten. Wir brauchen auch diese Sprache, auch wenn wir im Alltag nicht so sprechen. Oftmals sind es Wörter, deren Bedeutung wir mehr erahnen als nachweisen können, so wie das Wort Seligkeit. Wir haben diese wunderbaren, unvergänglichen Worte, wir hören sie und sprechen sie mit – in der Hoffnung, dass sie in uns durch den Geist Gottes den Glauben bewirken und den Glauben stärken.

Und wenn uns das selbst nicht immer gelingen will, dann sind da andere, die für uns beten, die stark sind im Glauben, wenn unser eigener Glaube schwach ist. So tragen wir uns gegenseitig im Glauben.

Der Text des Apostels Petrus redet nicht nur uns als Einzelne an, sondern die vielen Christen und Christinnen und verbindet uns miteinander. So ist niemand allein. Auch wenn jeder von uns wieder allein in sein Zimmer oder in seine Wohnung geht, und der Alltag und der Zweifel ganz schnell wieder da sind. Es ist der Glaube und es ist die Hoffnung, die uns miteinander verbinden.

❯ Fürbittgebet

Lieber Vater, so wie Du uns heute Morgen den Glauben gestärkt hast, stärke ihn weiterhin und gib uns Hoffnung.

Wir bitten, dass das Zusammenleben von alten und jungen Menschen gelingen möge.

Dass wir uns gegenseitig verzeihen können, wenn wir uns gekränkt haben.

Dass wir uns gegenseitig aufhelfen, wenn wir schwach sind.

Dass wir nicht damit aufhören, uns gegenseitig beistehen zu wollen. Amen.

❯ **Segen**

5.2 Alte Menschen – Tradition

>   Musik

>   Begrüßung

Ich begrüße Sie herzlich zur Taizéandacht mit dem Psalm-
wort: *Denn du bist meine Zuversicht, Herr, mein Gott,
meine Hoffnung von meiner Jugend an.*

>   Lied: Jubilate servite

>   Gebet: Psalm 71, 1–6; 18–23

>   Lied: Singt dem Herrn ein neues Lied

>   Bildmeditation: Die Beschneidung Jesu im Tempel

*Projizieren (Daten zum Download auf www.v-r.de bei der Anzeige
des Buches)*

Wir hören wenig von der Kindheit Jesu, auch die Bibel erzählt wenig davon. Aber es ist gut, die wenigen Texte anzuschauen, die wir haben, so die Geschichte, die Lukas von der Beschneidung Jesu im Tempel erzählt. Die Geschichte bei Lukas endet mit dem Vers: *Das Kind aber wuchs und wurde stark, voller Weisheit, und Gottes Gnade war bei ihm.*

Der Maler Giotto hat diese Szene sehr schön gemalt. Sie anzuschauen in der bilder- und farbenprächtigen Scrovegni Kapelle in Padua neben den vielen anderen biblischen Geschichten ist eine wunderbare Erfahrung: die satten, vornehm wirkenden Farben: gold, rot und schließlich das Königsblau als Hintergrundfarbe. Das Gebäude in der Mitte soll den Tempel darstellen.

Eine Großfamilie, alle friedlich vereint? Die Großeltern, die sich über das Enkelkind freuen? Es handelt sich nicht um eine Großfamilie.

Alle schauen auf das Kind, auch der Engel weist hin auf Jesus, den der alte fromme und gottesfürchtige Mann Simeon auf den Armen hält. Maria hat ihn ihm gereicht, und der kleine Junge hält durch den ausgestreckten Arm die Verbindung zu ihr. Vielleicht ja ängstigt er sich ein wenig vor dem alten Mann, den er neugierig anschaut. Neben Maria steht Josef mit zwei Tauben in der Hand, neben ihm eine vornehm aussehende Frau. Neben dem alten Simeon, der fasziniert auf das Kind schaut, steht ein ältere, ein wenig füllig aussehende Frau, die ernst, fast schon ein wenig grimmig schauend, auf das Kind weist. In der anderen Hand hält sie eine Schriftrolle. Es ist die Prophetin Hannah, etwa 84 Jahre alt und Witwe. So stellt sie uns Lukas vor. Ihr hat der Maler aus mir unbegreiflichen Gründen keinen Heiligenschein, keine Aureole gemalt.

Die beiden alten Menschen erfüllen in dieser Geschichte eine wichtige Aufgabe, von der wir eben im Psalm gehört haben, sie verkünden das Lob Gottes, die Macht Gottes und geben sie weiter an Kinder und Kindeskinder. So heißt es im Psalm: „Mein Mund soll verkündigen deine Gerechtigkeit, deine Wohltaten, täglich deine Wohltaten, die ich nicht zählen kann."

Und so verkündet der alte Simeon im Tempel: „Herr, nun lässt du deinen Diener in Frieden fahren, wie du gesagt hast, denn meine Augen haben deinen Heiland gesehen, den du bereitet hast vor allen Völkern, ein Licht zu erleuchten die Heiden und zum Preis deines Volkes Israel."

Von Hannah heißt es, dass sie Gott pries, und von dem Kind zu allen denen redete, die auf die Erlösung Jerusalems warteten. Simeon und Hannah haben durch den Heiligen Geist erkannt, um wen es sich bei diesem Knaben Jesus handelt. Und Hannah hat die Schriftrolle in der Hand: Hier ist dieser Christus angekündigt!

Die alten Menschen stehen für die Tradition, allein schon dadurch, dass sie da sind, dass Gott an ihnen handeln kann.

In den beiden biblischen Texten werden alte Menschen hoch geschätzt. Sie haben eine wichtige Aufgabe. Das zu sehen und zu hören, das tut gut in einer Zeit, in der eher gefragt wird, wofür alte Menschen denn noch gut sind. In einer Gesellschaft, in der laut darüber nachgedacht wird, dass Altwerden und Altsein teuer ist und junge Menschen das Geld eher brauchen, und dass ihre Zukunft unsicher geworden ist. Von Generationengerechtigkeit wird gesprochen, und darüber muss auch nachgedacht werden. Aber es macht vielen alten Menschen Angst.

Auch der Psalmist fragt ja so und es macht ihm Sorgen, daran zu denken: Was ist, wenn ich alt werde? Wozu ist das gut? Vielleicht denkt er auch daran: Wer wird mich pflegen? Wen habe ich um mich? Wer von den anderen weiß überhaupt noch von mir, von meinem gelebten Leben mit all den schönen und schlechten Dingen? Wer wird meinem Leben, meiner Lebensgeschichte gerecht?

Habe ich überhaupt noch eine Aufgabe, oder ist mein Leben dann vertan, wenn ich älter werde und schließlich alt bin, erst recht, wenn ich nicht mehr kann? Ist es nicht eigentlich überflüssig?

Der Beter klagt seine Sorgen und Not zu Gott und geht heftig mit denen ins Gericht, die ihm nach dem Leben trachten, die Feinde. Die, die seine Seele bedrohen, die, die vielleicht fragen: Was hat denn das Leben eines alten Menschen noch für einen Wert, meinetwegen das Leben eines dementen Menschen?

Sehr heftig, mit harten Worten klagt der Beter zu Gott, er klagt die bei Gott an, die sein Leben und seine Seele bedrohen. Er frisst das alles nicht in sich hinein, und er verklagt die Feinde, wie er sie im Gebet nennt, nicht in direktem Gegenüber. Er nimmt den Umweg über Gott und lässt Gott über sein Leben und die Feinde urteilen. Und mit diesem Beter, mit seinen Worten dürfen wir alle zu Gott klagen, wenn unser Leben, unsere Seele bedroht wird durch andere.

Und doch ist der alte Beter oder die alte Beterin dieses Psalms stark, so stark wie ich Hannah und Simeon empfinde, stark, weil Gott sie groß macht. Stark, weil sie etwas erkennen durften und dies weitergeben an die Nachkommenden, die Kinder und Kindeskinder. Im Psalm und in der biblischen Geschichte ist es das Lob Gottes, das durch sie verkündet wird. „Meine Lippen und meine Seele, die du erlöst hast, sollen fröhlich sein und dir lobsingen." Amen.

❭ **Lied: Magnificat**

❭ **Fürbitten**

Herr, wir bitten Dich: Wenn wir alt werden, lass uns nicht aufhören, Dich zu loben und zu preisen.

Wir bitten Dich für die verschiedenen Generationen in unserer Gesellschaft, dass sie neugierig aufeinander sind oder werden, dass sie sich gegenseitig achten und ehren.

Das möge in unserer Gemeinde gelingen. Amen.

❭ **Lied: Dominus deus**

❭ **Vaterunser**

❭ **Lied: Bleib mit deiner Gnade bei uns**

❭ **Segen**

Du machst mich sehr groß und tröstest mich wieder. – So gehet nun hin im Frieden des Herrn. Amen.

❭ **Lied: Domine dona nobis pacem**

❭ **Musik**

6 UNGLEICH UND DOCH GLEICH

6.1 Das ungleiche Paar: Pharisäer und Zöllner

❭ Begrüßung und Hinführung

Ich begrüße Sie herzlich zum Gottesdienst. Wer möchten Sie sein: Pharisäer oder Zöllner? Und wer sind Sie wirklich? Bald Zöllner, bald Pharisäer? Aber warten wir ab, was wir im Gottesdienst herausfinden …

❭ Kollektengebet

Wir rühmen Deinen Namen, Vater im Himmel. Groß ist Dein Name. Du hast uns hier versammelt, uns so verschiedene Menschen, die wir vielleicht auf der Straße nie etwas miteinander anfangen würden. Hier vor Dir sind wir alle gleich und miteinander Deine Gemeinde. Dafür danken wir Dir. Amen.

❭ Predigt zum Text Lk 18,10–14

Liebe Gemeinde,
Sind wir das, sind das wir, liebe Gemeinde, die sich heute Morgen zum Gottesdienst aufgemacht haben, die eine solche moralische Ansprache Jesu nötig haben? Oder: Wer von uns etwa, könnten die sein, die Jesus mit diesem

Gleichnis anredet? Die, die sich anmaßen fromm zu sein und die anderen verachten? Sind wir nicht gemeint, dann könnten wir das Gleichnis Jesu so stehen lassen und ihm zustimmen und einfach sagen, es geht die an, die es angehen muss oder sollte. Und jedem von uns fallen da die anderen ein. Und wir selbst können getrost auf Distanz gehen.

Oder aber, wir haben noch eine andere Möglichkeit, fühlen uns eher dem Zöllner verbunden, der beim Gebet die Augen nicht zum Himmel aufhebt und Gott frei entgegentritt, nein, der die Hand an die Brust schlägt und sagt: „Gott sei mir Sünder gnädig!" Aber vielleicht ist doch der Abstand auch zu ihm zu groß und wir finden ihn mit seiner kleinen und zugleich großen Geste gar nicht so sympathisch, weil unterwürfig, sich klein machend – und gehen zu diesem in Distanz. Oder wir sagen: die, die es wirklich nötig hätten, die Räuber, Betrüger und Ehebrecher sollten diese Predigt hören, aber sie finden ja gar nicht den Weg in die Kirche. Gewiss, aber hier sitzen wir heute morgen und sollten etwas vom Wort Gottes für uns erwarten dürfen.

Jedenfalls eins steht fest: Pharisäer und Zöllner haben über die Bibel längst einen festen Platz in unserer Alltagssprache und bei unserem gegenseitigen moralischen Urteilen und Verurteilen. Manchmal sagen wir es mit einem Augenzwinkern oder aber auch recht streng zu einem anderen, er solle nicht so pharisäisch sein. Und wir können damit meinen: hochmütig oder überheblich, heuchlerisch oder scheinheilig. Es ist ein alter Vorwurf, der gerne gegenüber Christen und Kirchgängern geäußert wird: Sie tun nur so fromm! Sie sind scheinheilig!

Ich will das mit einem humorvollen Beispiel, passend zur Sommer- und Ferienzeit, noch ein wenig anschaulich machen. Vor wenigen Wochen wurden mein Mann und ich hellhörig, als wir im Urlaub in Nordfriesland ein Hinweisschild lasen „Zum Pharisäer". Wir folgten dem Schild nicht, aber entdeckten den Namen dann immer öfter und zwar an Gasthäusern. Nun, wir in alkoholischen Getränken ungebildeten Menschen, fanden schließlich heraus, dass es sich um ein alkoholisches Kaffeegetränk handelt. Um dieses Getränk herum rankt sich eine nette Geschichte: Entstanden ist das Getränk der Überlieferung nach im 19.Jh. auf der nordfriesischen Insel Nordstrand. Zu jener Zeit amtierte dort ein besonders asketischer Pastor. Die trinkfreudigen Friesen tranken bei Tauf- oder Beerdigungsfeiern in seiner Gegenwart nur Kaffee. Doch das missfiel seiner Gemeinde und sie dachten sich eine List aus und erfanden den Pharisäer, ein Getränk aus Rum, Kaffee und Sahne.

Nach der Taufe des siebten Kindes eines Bauern trank man ihn versteckt, unsichtbar, aber genüsslich. Vielleicht hat der Pastor ja selbst einen solchen Pharisäer getrunken oder sich über die heitere Stimmung seiner Schäfchen gewundert. Jedenfalls wird überliefert, dass der Pastor seine Gemeindeschäfchen, nachdem er das entdeckt hat, mit „Oh, Ihr Pharisäer" gescholten hat … So ist das Nationalgetränk der Nordfriesen zu seinem Namen gekommen, benannt nach den biblischen Pharisäern. Die „Scheinheiligen früherer Zeiten", wie sie so nett in einem Artikel bei Wikipedia genannt werden. Die Scheinheiligen früherer Zeiten? Nun, wir wollen sehen.

Neben der humorvollen Seite kann diese Beispielgeschichte uns auch fragen lassen: Wie verhält es sich mit dem Frommsein, mit unserem Frommsein als Christen und Christinnen? Ist es gleich gültig, wie wir leben, wenn wir nur glauben? Über die rechte Art des Frommseins kann immer wieder Streit entstehen unter Christen und Christinnen in den Gemeinde, der gelegentlich in die Öffentlichkeit getragen wird.

Auch Juden und Jüdinnen streiten bis heute über Fragen der rechten Frömmigkeit, zum Beispiel wenn es um das Sabbatgebot und seine absolute Befolgung geht, und ultraorthodoxe Juden können in der Öffentlichkeit sehr rabiat auftreten. Das wissen wir von Fernsehbildern her!

Wir bezeichnen diese Menschen gern als Fundamentalisten, die wir den aufgeklärten, liberalen Menschen gegenüberstellen. Doch es ist Vorsicht geboten bei einer solchen oft vorschnellen Einordnung und Verurteilung. Gewiss: zu meinen, allein im Besitz der rechten Frömmigkeit zu sein, das kann zu radikalen Verhaltensweisen gegenüber denen, die anders leben, führen – gar zu Hass und Gewalt. Und das muss radikal abgelehnt werden. Aber die Menschen, die auf ihre Weise gottgläubig, fromm leben wollen, sollen das in Freiheit tun können und auch öffentlich vertreten dürfen.

Ist der Pharisäer ein falscher Frommer – gar ein Fundamentalist? Nun, die Auslegungen schwanken hin und her, die Sympathien werden mal so und mal anders verteilt.

Wir wollen die Bibel befragen, wer denn der Pharisäer und die Pharisäer und wer der Zöllner und die Zöllner sind, immerhin ein zur Zeit Jesu beliebtes Gegensatzpaar, das Jesus offenbar auch gerne streitbar aufnimmt. Wer ist dieser Pharisäer, der in den Tempel geht, um zu beten? Jedenfalls sollten wir ihn nicht von vornherein einen hochmütigen Heuchler nennen, wie wir es alltagssprachlich gerne tun, wir müssen ihm das abnehmen, was er von sich sagt – und warum eigentlich sollten wir das nicht tun: „Ich danke dir, dass ich nicht bin wie die anderen Leute, Räuber, Betrüger, Ehebrecher oder auch wie dieser Zöllner. Ich faste zweimal in der Woche und gebe den Zehnten von allem, was ich einnehme." Nach damaliger jüdisch-biblischer Vorstellung und Wertung ist er ein Gerechter vor Gott!

Dieser Pharisäer hält die Gebote, die Gott seinem Volk gegeben hat. Er gehört zu den Juden zur Zeit Jesu, die versuchten, konsequent nach den Weisungen zu leben, sich dabei von den anderen abgrenzend. Jesus hat sich mit den Pharisäern auseinandergesetzt. Er musste damit rechnen, dass er immer auch Pharisäer als Zuhörer hatte. Und an anderer Stelle wird das Einhalten der Gebote von Jesus durchaus honoriert, da kann der Pharisäer geradezu als Vorbild für die Freude am Gesetz genommen werden. Aber wie sieht es mit diesem Pharisäer aus? Ist sein Dankgebet tatsächlich nur eine Selbstdarstellung? Viele der Ausleger des Gleichnisses gehen heftig mit dem Pharisäer ins Gericht, sie bezichtigen ihn des Stolzes – so der Kirchenvater Augustin. Des Stolzes und der Hoffart – so Martin Luther, der den Pharisäer einen hoffärtigen Heiligen nennt. Was nur macht er falsch, dass er so gescholten wird? Jede und jeder von uns wird es sich fragen oder aber vielleicht ja schon wissen.

Einer der heftigen Vorwürfe gegenüber dem Pharisäer, ist der, dass er den Zöllner verachtet. Und es ist tatsächlich die dringende Frage: Wer kann neben dem Pharisäer bestehen, neben dem, der durch sein eigenes Tun gerechtfertigt vor Gott da steht und sich kräftig in die Brust werfen kann? Der Zöllner, vermutlich eben ein Betrüger, gewiss nicht – wie viele andere auch nicht. Die vielen anderen, denen sich Jesus zuwendet, die Sünder und Zöllner und wie sie alle heißen. Jesus, der Freund der Zöllner und Sünder! Das genau wurde ihm vorgeworfen. Eine rechte Provokation, ja!

Der Zöllner in diesem Gleichnis, ein Jude wie die anderen Zöllner, die Menschen am Zoll, von denen es heißt, dass sie sich persönlich bereichern und die anderen betrügen, die auf Grund dessen gesellschaftlich ein miserables Ansehen hatten. Der Zöllner in unserer Geschichte bringt sich nicht gegenüber dem Pharisäer in Position, dazu hat er keine Gelegenheit und keine Möglichkeit. Er bittet Gott ganz schlicht, dass er ihm gnädig ist. Vielleicht hätte er ihm ja auch etwas anzubieten gehabt an kleinen frommen Leistungen oder an gutem Willen und bester Absicht, aber er verlässt sich ganz auf Gottes Handeln, dass Gott ihm gnädig ist, dass Gott etwas an ihm tut. Davon weiß er, diesen Gott kennt er und zu diesem Gott betet er! Und diesen Gott kennt auch der Pharisäer. Hatte er ganz schlicht nicht daran gedacht, dass er selbst angewiesen ist und bleibt auf die göttliche Gnade?

Ein Ausleger sagt es so: Neben den Pharisäer gestellt, verschließt sich dem Zöllner der Himmel. Gott selbst muss in Aktion treten. Nur Gottes eigene barmherzige Gerechtigkeit und gerechte Barmherzigkeit kann es mit der Gerechtigkeit des Pharisäers aufnehmen. Die Barmherzigkeit Gottes, ohne die kein Mensch existieren kann, und die einfache Bitte darum, dass Gott einem Menschen gnädig sei, ist Pharisäern und Zöllnern, Juden, bekannt und vertraut. An dieses Wissen kann Jesus in diesem Gleichnis anknüpfen, dass Gott denen gnädig ist, die ihre Zuversicht auf ihn setzen. Diesen Gott verkündigt Jesus, keinen neuen oder anderen Gott.

Liebe Gemeinde, Martin Luther, der in seinen Predigten die Pharisäer kräftig beschimpfen kann, sagt über den Zöllner: Er weiß selbst nicht ein Fünklein Heiligkeit aufzubringen … aber er achtet die Gnade so teuer, dass wenn er gleich aller Heiligen Verdienst hätte, so könnte er sie nicht verdienen. Er pocht auf die Gnade! Und hier hören wir den streitbaren Theologen der Reformation: allein aus Gnade werdet ihr gerecht gemacht, werdet ihr von Gott anerkannt. Und so haben wir es eben in dem Text aus dem Epheserbrief gehört: „Denn aus Gnade seid ihr selig geworden durch Glauben, und das nicht aus euch; Gottes Gabe ist es, damit sich nicht jemand rühme."

Es gibt sie heute auch nebeneinander, die Rechtschaffenen, die Frommen, die Verbrecher und Gauner. Der eine hat mehr zu bieten an Schuld als der andere. Aber auch mehr an Glauben als der andere. Diese Unterschiede sind da. Aber vor Gott zählt die Bitte des Menschen um seine Gnade viel, eine Gnade, die sich der Mensch nicht verdienen kann. Wer um Gnade bietet, hat nichts mehr, womit er sich vergleichen kann. Indem Gott uns, seinen Menschen gnädig ist, werden wir alle gleich gemacht.

Gott gibt, Gott schenkt, Gott handelt, Gott ist mir gnädig, Gott ist mir treu … Aber ich Mensch, soll und kann ich gar nichts tun, ist es gleichgültig, wie ich als Geschöpf, als Christ lebe? Wenn man dies Gleichnis radikalisiert, könnte man das vielleicht sogar so auslegen. Und die harsche Aussage Jesu, nachdem er das Gleichnis erzählt hat, gibt dazu eine wunderbare Vorlage, ist sie doch die radikale Umkehr gewohnter moralischer Maßstäbe: „Ich sage euch, dieser, der Zöllner, ging gerechtfertigt hinab in sein Haus, nicht jener. Denn wer sich selbst erhöht, der wird erniedrigt werden, und wer sich selbst erniedrigt, der wird erhöht werden." Gewiss, manchmal spielt das Leben so, man kann es an anderen erfahren oder an sich selbst. So wie es in der Volksweisheit heißt: Hochmut kommt vor dem Fall. Aber daraus darf man keine Lebensregel machen oder es als Bestrafung verstehen.

Mit dem machtvollen Ausspruch Jesu „Ich sage euch, dieser ging gerechtfertigt hinab in sein Haus..." stellt Jesus sich selbst auf die Seite derjenigen, die bitten, die von sich aus Gott nichts anzubieten haben, nicht mal einen Hauch von Frömmigkeit! Jesus richtet auf seine Weise, nicht wir sollen richten. Aber es brauchen nicht alle Menschen, die glauben möchten, dem Beispiel des Zöllners folgen und sich demütig an die Brust schlagen, um nur ja nicht mit den Scheinheiligen früherer Zeiten verglichen zu werden, den Pharisäern. Haben wir alle es doch mit dem uns gnädigen Gott zu tun, der die Sonne aufgehen lässt über Gute und Böse, und der es regnen lässt über Sünder und Gerechte. Gott richtet auf seine Weise, nicht wir sollen richten.

Luther sagt es so in einer Predigt zu diesem Text: Wir haben alle einen Gott, der seine Barmherzigkeit über uns wie einen Mantel ausbreitet, über Fromme und Sünder, über Gelehrte und Ungelehrte, über Reiche und Arme; denn er ist unser aller Gott. Damit sollen wir uns nicht überheben, sondern demütig sein: nicht dahin sehen, ob wir viel und andere wenig haben. Denn Gott kann dem gnädiger und holder sein, dem er wenig gegeben hat, denn der viel hat; ja, er kann wohl dich wieder nackend ausziehen, und einen, der nackend und bloß ist, schöner kleiden und mit trefflicheren Gaben zieren, denn dich. Warum wolltest du denn andere verachten und dich hervorheben?

Luther beschreibt hier gleichermaßen auch, was Frömmigkeit meint, Gott gnädig an sich handeln lassen – dies immer wieder – und versuchen, nach seinem Willen zu leben und die guten Werke zu tun. Niemand darf die Gnade Gottes für sich vereinnahmen wollen und andere ausschließen.

Der Friede Gottes, der höher ist als unsere Vernunft, der bewahre unsere Herzen und Sinne in Christus Jesus. Amen.

❱   Lied: 369 Wer nur den lieben Gott lässt walten

❱   Fürbittgebet

Vater im Himmel, wir bitten Dich für uns, dass wir nicht da richten, wo es Deine Sache ist zu richten. Dass wir uns nicht untereinander verurteilen, weil wir wissen, dass wir alle von Deiner Gnade leben.

Schenke uns immer wieder neu den Glauben und den Beistand in unserem Leben, dass wir glücklich und zufrieden und Dir wohlgefällig leben können.

Wir bitten Dich besonders für die kranken, trauernden, leidenden, sterbenden Menschen in unserer Gemeinde. Für die Menschen, die das Leben hart ran nimmt. Sei ihnen nahe mit Deinem tröstenden Beistand.

Wir vertrauen Dir unsere ganze Gemeinde an und die, die in ihr arbeiten, dass sie fröhlich ihr Werk tun können und Unterstützung erfahren.

Wir vertrauen Dir unsere schöne und doch so gefährdete Welt an, dass alle Verantwortlichen mit Augenmaß und Vernunft handeln. Amen.

❭ **Segen**

6.2 Für alle – Fünf Brote und zwei Fische

❯ Begrüßung und Hinführung

❯ Kollektengebet

❯ Predigt zum Text Mk 6,30–44

Liebe Gemeinde,

in der Lutherbibel ist dieser Text fettgedruckt überschrieben: *Die Speisung der 5000.* Sie werden gewiss, wenn Sie Bibelleser und Bibelleserin sind, auch diese Überschriften kennen, die nicht immer Sache und Anliegen ganz richtig treffen, aber einprägsam sind. So könnte man ja vielleicht etwas ganz anderes als Überschrift fett drucken, zum Beispiel dies: Jesus und seine Jünger als gute Gastgeber. Das war meine Idee beim ersten Meditieren über den Bibeltext.

Vielleicht haben Sie ja am Ende der Predigt selbst eine Überschrift gefunden oder wollen diese Geschichte lieber ohne Überschrift belassen. Vielleicht erinnern sich auch manche noch an die Geschichte aus dem Religionsunterricht, wo die fünf Brote und die zwei Fische zum Motiv geworden sind für das Teilen, zum Symbol dafür, dass alle auf dieser Welt satt werden und dass alle dazu beitragen sollen. Sehr schön kommt das in einem Kinderlied zur Sprache: „Fünf Brote und zwei Fische, fünftausend werden satt. Wenn Jesus lädt zu Tische den, der da Hunger hat." Die letzte Strophe lautet: „Er sagt: Geh sei mein Bote, teil aus an meiner statt, zwei Fische und fünf Brote und alle werden satt."

Aber nicht nur im Religionsunterricht, auch auf vielen Kirchentagen ist das zum Symbol geworden, das anzeigen will, dass alle satt werden können auf dieser Welt oder dass genug für alle da ist, wenn wir miteinander teilen. Da haben besonders die Kirchentage die armen Länder in den Blick gerückt und unsere Verantwortung für die armen Menschen dieser Länder. Man hätte nun gewiss dieses Symbol der fünf Brote und der zwei Fische auch beim G8-Gipfel in Heiligendamm anbringen können, wo der Blick ja ganz zentral auf Afrika gerichtet war.

Und gewiss ist es richtig, dass der Platz der Kirche bei den Bedürftigen und Elenden und Hungernden ist. Wie der G8-Gipfel in Heiligendamm gezeigt hat, Popkonzerte und andere Ereignisse, ist die große Weltöffentlichkeit wachgerüttelt und aufmerksam geworden und nicht nur Politiker und Organisation, sondern viele einzelne Menschen engagieren sich für die Hungernden, für die Armen und suchen nach guten und richtigen Wegen der Hilfe. Das sind nicht nur die Kirchen, aber auch.

Aber ist dieser biblische Text eng zu führen auf eine moralische Forderung, wenn wir die Aufforderung Jesu „Gebt ihr ihnen zu essen!" hören und lesen und daraus den Satz machen: „Geht ihr nun hin und speist die Armen!" Dies geschieht aber immer wieder – bis heute. So habe ich es gerade vor ein paar Tagen in einer aktuellen Auslegung dieses Textes gelesen: „Als die Jünger Jesus fragten, wie sie die 5000 Leute satt machen sollen, sagt er zu ihnen: Handelt selbst. Jetzt kommt es darauf an. Zieht euch nicht zurück, fühlt euch nicht überfordert und schickt die Menschen nicht weg. Ihr könnt ihnen alles geben. Fangt einfach an!"

Ich denke, wir müssen die Geschichte noch einmal neu entdecken, befragen und bedenken. Vielleicht kann die erste Strophe des Kinderliedes eine erste Spur legen: „Fünf

Brote und zwei Fische, fünftausend werden satt. Wenn Jesus lädt zu Tische den, der da Hunger hat."

Da heißt es zu Beginn in unserem Text, dass die Jünger zurückkamen und Jesus erzählten. Nun, sie erzählen nicht einfach dies und das. In den Versen vorher erfährt man, dass Jesus seine Jünger ausgesandt hatte zu den Menschen im Land, um ihnen vom Reich Gottes zu predigen, das in Jesus gekommen war, um böse Geister auszutreiben und um Kranke zu heilen. Auch dies ist ein Zeichen für das angebrochene Reich Gottes. Jesus hatte seine Jünger dazu bevollmächtigt und beauftragt. So zogen sie von Ort zu Ort und kehrten schließlich „erfolgreich" zu Jesus zurück und erzählten ihm davon, „wie große Dinge sie getan hatten". Jesus nimmt die Jünger wieder bei sich auf. Er staunt nicht über ihre Wundertaten, hatte er sie doch dazu mit Macht ausgestattet, dass sie sie vollbringen konnten. Seine Mitarbeiter in dem in Christus angebrochenen Reich Gottes, wo die Gegenwart Gottes zu erleben war. Zu spüren war in der Nähe Jesu, weil sie in Jesus selbst präsent war. Das haben die Menschen gespürt und das suchten sie, wenn sie zu Jesus hin strömten. Gewiss kamen sie auch mit ihren Bedürfnissen und ihren Leiden und Krankheiten und ihren Wünschen und Bitten.

Die Jünger vermochten diese Taten zu tun, weil sie Mitarbeiter waren in dem in Jesus anwesenden Gott und seinem Reich. Das kann nicht so bruchlos übertragen werden von den Jüngern, den Aposteln auf Bischöfe, auch nicht auf Priester und Pfarrer und Pfarrerinnen. Da gibt es keine schlichte Kontinuität, keine einfache apostolische Sukzession, das meint, dass diese in der direkten Nachfolge der Apostel stehen. Jedenfalls, wenn wir den biblischen Aussagen folgen, so meine ich.

Die Menschen suchen Jesus auch jetzt, lassen ihn nicht in Ruhe mit seinen Jüngern, lassen ihn nicht zur Ruhe kommen und ein ruhiges Gespräch mit seinen Jüngern führen. Jesus weist sie nicht ab. Ich kenne keine Stelle, wo Jesus die Menschen abgewiesen hätte, wohl, dass er sich zurückgezogen hat um zu beten oder um seine Jünger zu lehren. Jesus lässt die Menge zu sich kommen und spricht zu ihnen vom Reich Gottes und macht die gesund, die der Heilung bedürfen. Das tut er, wie er es schon so oft getan hatte. Er verteilt die guten Gaben Gottes an die Menschen, die guten Gaben für Leib und Seele.

Das Predigen Jesu ist aufs Engste gekoppelt an das Heilen von Krankheiten und Gebrechen. Jesus der Arzt! Das Wort von Gott bringt Menschen Heil für Leib und Seele. Wie handfest das gemeint ist, zeigt Jesus in vielen Situationen mit Menschen. Seine Fürsorge für diese ist groß und das, was er ihnen zu geben hat, ist unerschöpflich und unversiegbar, weil es von Gott kommt. Gott teilt sich nicht nur mit, sondern er teilt sich aus, ohne sich dabei zu verlieren.

Über den engen Zusammenhang von Leib und Seele ist sehr viel nachgedacht worden – gerade auch von Menschen in Berufen, die es mit Menschen und ihren leib-seelischen Krankheiten zu tun haben. Das Wort Ganzheitlichkeit übt nach wie vor eine große Faszination aus und das Wort Psychosomatik, das für Ärzte und Psychologinnen wichtig ist. Den Menschen ganzheitlich verstehen, die Zusammenhänge zwischen Leib und Seele herausfinden, um Menschen schließlich heilen zu können oder wenigstens helfen zu können. Ich denke an eine mir befreundete junge Frau, die seelisch krank ist und die dringend Hilfe braucht, zu Ärzten geht und sich in Kliniken aufhält.

Und ich wünschte mir für sie, jemand könnte ein Wunder tun im Sinne des ganzheitlichen Heilmachens; wenigstens aber gute Medikamente oder eine gute Therapie finden, die ihr helfen.

Liebe Gemeinde, Jesus hat Wunder getan, mögen wir auch daran zweifeln, und das tun Menschen immer wieder, weil wir uns das, was unserem Wirklichkeitsverständnis widerspricht, nicht vorstellen können. Und viele haben versucht, Wunder auf rationale Weise zu erklären oder aber Wunder symbolisch zu verstehen. Aber es hat sich mit Jesus Christus das ereignet, was wir im Reich Gottes in der Ewigkeit erwarten dürfen, dass es keine Hungernden mehr gibt, keine Leidenden und Sterbenden, keine Krankheit, kein Geschrei. An Jesus glauben wir nicht als an den Wundertäter. Das hat Jesus selbst immer wieder abgewiesen. Aber wir glauben an ihn, in dem Gott gewirkt hat und bis heute wirkt.

Kehren wir wieder zur Geschichte zurück. Die Menschen müssen lange bei Jesus und seinen Jüngern ausgeharrt haben, denn der Tag neigt sich, so heißt es. Die Jünger machen Jesus darauf aufmerksam und sagen ihm, er soll doch die Menge wegschicken, damit sie Herberge und Essen finden. Die Jünger und Jesus dann doch als aufmerksame und fürsorgliche Gastgeber? Es handelt sich hier in dieser Geschichte nicht um Hungernde oder Ausgehungerte, die es auch gegeben hat. Also keine Speisung der hungernden 5000! Aber sehr wohl Fürsorge, Seelsorge für Leib und Seele. Die Menschen werden nach einem langen Tag Hunger haben und brauchen etwas zu essen.

Aber schickt ein Gastgeber seine Gäste fort, damit sie sich selbst Essen besorgen und ein Bett finden? So reagiert auch

Jesus, wenn er sagt: Gebt ihr ihnen zu essen. Der rationale Widerspruch erfolgt sofort und zwar aus dem Mund der Jünger: Mit 5 Broten und 2 Fischen 5000 Leute speisen? Oder aber sollen sie essen kaufen gehen – in der Wüste?

Jesus antwortet nicht. Keine Hektik entsteht, etwa weil sich alle auf das wenige Essen stürzen würden. Oder weil jetzt alle erstaunt abwarten, was passiert. Ganz ruhig und einfach wird weiter erzählt. Jesus bereitet das Mahl vor und bittet die Jünger, dass sie sich das Volk in Gruppen zu 50 setzen lassen. Sie befolgen seinen Auftrag. Und jetzt ereignet sich weiterhin nichts Spektakuläres, eher etwas, das ganz stark ans Abendmahl erinnert: „Da nahm er die fünf Brote und zwei Fische und sah auf zum Himmel und dankte, brach und gab sie den Jüngern, damit sie dem Volk austeilten." Sättigung des Leibes und der Empfang der guten Gaben Gottes für Leib und Seele, die unerschöpflich sind: alle wurden satt und zwölf Körbe blieben übrig.

Es gibt noch mehr Brotgeschichten in der Bibel, das tägliche Mannawunder in der Wüste, der Prophet Elia, der von einer Witwe mit einem nie versiegenden Mehlvorrat gespeist wird, oder von Elisa, der mit 20 Gerstenbroten 100 Leute speist – und Essen übrigbleibt. So wie wir beim Abendmahl das Brot von Mehl aus Körnern essen, empfangen wir zugleich das Brot des Himmels. In ihm teilt sich dann Christus selbst als Gabe für Leib und Seele an alle aus. Jesus sagt im Johannesevangelium von sich: Ich bin das Brot des Lebens. Unerschöpflich ist diese Gabe. Kein halbvolles Glas oder halbleeres Glas – egal, wie wir es nennen –, sondern ein übervolles Glas, dessen Inhalt nie leer getrunken werden kann. Eine nie versiegende Quelle! Beim Abendmahl ist Jesus selbst der Gastgeber, der einlädt zum Mahl: Kommt her und esset alle davon. Kommt her und trinket alle daraus.

Und die Armen? Und die Hungernden? Als Jesus kurz vor seiner Gefangennahme von einer Frau mit kostbarem Salböl gesalbt wird, werfen ihm seine Jünger vor, dass man das Geld dafür lieber den Armen hätte geben sollen. Jesus sagt ihnen etwas Wichtiges: *Arme habt ihr allezeit bei euch und ihr wisst, was ihr ihnen tun sollt, mich aber habt ihr nicht allezeit.* Die Armen zu speisen und zu kleiden, das ist nicht allein unserer Spontaneität und unserem Liebesgefühl überlassen. Dafür gibt es in der Bibel klare Regeln und Gebote, die Jesus kennt und an die er erinnert.

Hören wir zum Schluss das Psalmwort: „Die sollen dem Herrn danken für seine Güte und für seine Wunder, die er an den Menschenkindern tut, dass er sättigt die durstige Seele und die Hungrigen füllt mit Gutem" (Psalm 107,8.9). Der Friede Gottes, der höher ist als unsere Vernunft, der bewahre unsere Herzen und Sinne in Christus Jesus. Amen.

❭ **Fürbittgebet**

Hier können die Fürbitten von 7.1 (Vom Lebensglück) gesprochen werden.

❭ **Segen**

7 ARM UND REICH

7.1 Vom Lebensglück

> Begrüßung und Hinführung

> Kollektengebet

Vater im Himmel, Dein Wort ist in Jesus Christus Mensch geworden und wohnte unter den Menschen. So bitten wir Dich heute Morgen im Gottesdienst, dass Du durch Dein Wort unter uns wohnst. Mach uns bereit, es zu empfangen, gib Deinen Geist, dass wir angerührt werden in unseren Herzen und dass wir Dein Wort verstehen. Amen.

> Predigt zum Text Lk 16,19–31

Liebe Gemeinde,

hat es schon einmal jemand zu Ihnen gesagt – vielleicht mit einem Schuss Humor und ein wenig augenzwinkernd – „Ach, du armer Lazarus?" Oder haben Sie schon einmal von einem anderen Menschen gesagt: „Der ist so arm wie Lazarus!" Und: Haben Sie schon einmal von sich selbst erzählt und gesagt: „Ich habe mich gefühlt wie in Abrahams Schoß?" Oder haben Sie schon einmal von einem anderen gesagt: „Der fühlte sich sicher wie in Abrahams Schoß" – vielleicht ja ein bisschen zu sicher! Es ist schön, dass die sprichwörtliche Rede vom armen Lazarus und von Abrahams Schoß aus dieser Geschichte in unsere Alltagssprache Eingang gefunden hat. Und mit der Sprache sind es die Bilder, die zu dieser Geschichte gemalt worden sind und die sich uns eingeprägt haben.

Gewiss kann man als Predigerin verführt werden, die Beispielgeschichte, die Jesus erzählt, ganz schnell zur Seite zu legen und über die Armen und die Reichen zu sprechen, über Armut und Reichtum, über die zwei so unterschiedlichen Lebensweisen und Lebenswelten. Die, in der der arme Lazarus lebt, und die, in der der reiche Mann lebt. Sie, die tatsächlich hier auf Erden eine große Kluft trennt, nicht erst Himmel und Hölle. Die Beispielgeschichte kann dazu verführen, wird doch gleich zu Beginn sehr anschaulich erzählt, wie der reiche Mann gekleidet ist, wie er lebt und vom Leben des armen Lazarus, der von Almosen lebt und Hunde zu Freunden hat. Von Almosen müssen bis heute manche Menschen leben. So war es vor ein paar Tagen in unserer Zeitung zu lesen: Die Regierung von Bangladesch will das Betteln in der Öffentlichkeit verbieten. Ist Betteln eine Schande? Gar eine Straftat, die mit Gefängnis bestraft werden muss!?

Über Armut und Reichtum wird in unserer Gesellschaft viel geredet und darüber muss auch viel geredet werden und vor allem politisch gehandelt werden, über die Schere zwischen arm und reich, die immer größer wird, und über die Gerechtigkeit. Und darüber wird heute von manchen Kanzeln sicher auch gepredigt. Und manche Predigt mag vielleicht sogar in einer Schelte der Reichen enden, meinetwegen der Bankmanager, oder auch mit ihr beginnen.

Das ist nicht verwunderlich, gehört es doch zu den Aufgaben der Kirche, auf die gerechte Verteilung der Güter in unserer Welt aufmerksam zu machen und sich auf die Seite der Armen zu stellen. Daran kann dieser Text erinnern, und: das hören wir immer wieder aus den Worten und den Geschichten, die Jesus erzählt.

Da muss kein Toter aus dem Himmel kommen und darüber Auskunft geben oder mit göttlicher Strafe und dem göttlichen Gericht drohen. Da hören wir zum Beispiel von der Begegnung zwischen Jesus und dem reichen Mann, den Jesus in die Nachfolge einlädt: Verkaufe alles, was du hast und gib's den Armen und folge mir nach, so wirst du einen Schatz im Himmel haben, und komm und folge mir nach … Doch der reiche Mann kann sich nicht von seinen Gütern trennen. Ganz anders hören wir es bei Zachäus, dass er die Hälfte seines Reichtums den Armen geben will.

Jesus und die armen Menschen und reichen Menschen – das ist ein wichtiges Thema im Neuen Testament und auch im Alten Testament, gewiss, aber nicht so einfach zu erledigen. Der politisch engagierte Theologe Helmut Gollwitzer hat 1968 ein Buch geschrieben mit dem Titel: Die reichen Christen und der arme Lazarus. Gollwitzer redet hier heftig und kräftig. Er klagt die Christen an. Er sieht in dem reichen Mann die getauften Christen, die den ungetauften Lazarus, die Armen, draußen vor der Tür liegen lassen. Er spricht von denen, die mit Hungern und Verhungern beschäftigt sind und von denen, die im Überfluss leben. Wollte man alle die Predigten und Auslegungen dieser Geschichte um sie herumreihen, dann würde man vielerlei finden. Predigten spiegeln ja immer auch ein Stück Zeitgeschichte so wie die Predigt von Helmut Gollwitzer.

Ganz schnell wird aus dieser Geschichte so wie bei Gollwitzer eine Moralgeschichte: die Reichen werden beschimpft oder auch aufgefordert, den Armen zu geben, besser noch: mit den Armen zu teilen. Und das ist doch wohl auch rechtens so, denken wir. Aber diese Beispielgeschichte will keine Moralgeschichte für die Reichen sein und ihnen ein schlechtes Gewissen machen, sie das Fürchten lehren, was manche gewiss ohnehin tun werden: sich fürchten, weil sie sich manchmal vielleicht fragen, ob ihnen denn das alles an Reichtum zusteht. Diese Geschichte ist eine Trostgeschichte für die Armen! Worin aber besteht der Trost, wenn es kein falscher Trost sein soll, keine Vertröstung aufs Jenseits und eine bessere Welt, keine falsch verstandene ausgleichende Gerechtigkeit im Jenseits? Wir müssen noch einen Schritt weiter gehen und tiefer eindringen.

Wenn Jesus von Reichtum und Armut redet, dann ist hier nicht ausschließlich das Geld gemeint, obwohl es oft tatsächlich auch damit verbunden ist. Es geht um das, was Menschen an Lebensglück zugeteilt ist: dem einen viel und der anderen wenig oder fast nichts. Schon am Anfang der Bibel in der Geschichte von Kain und Abel erfahren wir etwas vom Lebensneid Kains auf seinen Bruder. Ein Streit, der tödlich endet.

Da gehören wir vielleicht selbst zu den Menschen, die ein prall gefülltes Leben leben oder wir sehen es bei anderen und beneiden sie darum: Ein Leben mit Kindern oder aber ein Leben ohne Kinder. Eine glückliche Partnerschaft oder Ehe oder ein Leben allein! Ein Leben mit vielen Freunden und Freundinnen oder ein kleines Leben fast nur mit sich selbst. Ein Leben mit einem erfüllenden Beruf und einer erfüllenden Lebensaufgabe oder eine mühsame oder wenig erfüllende Arbeit.

Ein Leben mit unendlich vielen Urlaubsreisen rund um den Globus oder ein Urlaub am heimischen Herd. Ein Leben mit vielen kleinen und großen Krankheiten und Beschwerden oder ein gesundes Leben. Ein Leben mit kleiner Rente oder Einkommen oder ein großes Einkommen. Ein Mensch, der mit vielem begabt ist und diese Begabungen ausleben kann oder ein Mensch, der schlicht sein Leben lebt, nicht alles ausleben, gar ausreizen kann. Ein einfaches schlichtes Leben, ein Leben in Grenzen. Ein langes oder ein kurzes Leben. Doch: Was ist des Menschen Lebensglück? Seit Jahrtausenden fragen nachdenkliche Menschen, Philosophen und Theologen danach.

In der Ethik, die über das Miteinanderleben der Menschen nachdenkt, ist viel die Rede vom gelingenden Leben, vom zu gestaltenden Leben, vom erfüllten Leben, und man bekommt den Eindruck vermittelt, dass dieses Leben, ob es gelingt oder nicht, allein an uns selber liegt, unser Verdienst ist – und so sehen wir Menschen und gehören manchmal selbst zu denen, die aus sind auf immer mehr Leben, auf eine Anfüllung ihres Lebens. Und für Gott und für den Nächsten ist da fast kein Platz mehr im Leben. Was ist des Menschen Glück? Erfülltes Leben? Dieser arme Mensch, der den Namen Lazarus hat, kann da nicht mithalten. Lazarus heißt: Gott hilft. Lazarus ist in der Geschichte Gottes mit seinen Menschen aufgehoben, getröstet an Abrahams Brust – und dies nicht erst in der jenseitigen Welt. Bei Abraham, den das Neue Testament den Vater des Glaubens nennt, findet er Trost – und Glück? Es wird ihm nicht gesagt: Mach doch was aus dir! Gestalte dein Leben! Suche und finde dein Glück!

Der reiche Mann hat auf Erden sein Gutes gehabt, sein Lebensglück gelebt und auskosten können – so sehen und hören wir. Und: Er wird dafür nicht gescholten und nicht bestraft. Der arme Mann wurde ihm nicht vor die Tür gelegt, um ihm ein schlechtes Gewissen zu machen. Es war keine pädagogische Maßnahme. Er ist einfach da, so wie der reiche Mann einfach da ist, öffentlich ist, sichtbar ist, nicht vornehm versteckt. So existiert beides nebeneinander, bis heute, auch in der Gemeinde Jesu, auch in unserer Gemeinde – und das provoziert mich. Ja, in unserer Geschichte leben sie direkt nebeneinander. Nicht abgeschottet, verbarrikadiert, eingemauert – wie reiche Menschen in manchen riesengroßen Städten in Entwicklungsländern leben, umgeben von armseligen Hütten und Slums.

Der arme Lazarus findet in der Gottesgeschichte sein Lebensglück und sein Leben einen unverlierbaren Platz. Es liegt an uns, ob wir uns mit unserer Lebensgeschichte und unseren Lebenserwartungen, unserer Sehnsucht nach Lebensglück mit der Gottesgeschichte verwickeln lassen wollen – ob reich oder arm an eigenem Lebensglück. Mal schauen, was daraus entsteht. Dabei können wir uns sehr wohl an die Seligpreisungen erinnern wie die: Glücklich sind die, die da Leid tragen, denn sie sollen getröstet werden. Glücklich sind, die da geistlich arm sind, denn ihrer ist das Himmelreich. Lebensglück der etwas anderen Art verheißt Jesus.

Diese Geschichte ist keine Vertröstungsgeschichte, aber eine Trostgeschichte für den armen Lazarus. Sie impliziert unausgesprochen eine ethische Ermahnung für den reichen Mann, der dem armen Lazarus vielleicht ja die übriggebliebenen Speisen gelassen hat. Die Geschichte lässt das offen. Eine tröstliche, einladende Ermahnung: uns mit allen unseren Erwartungen an das Leben und an das Lebensglück in die Geschichte Gottes hineinziehen zu lassen. Furcht ist nicht gut! Auch ein schlechtes Gewissen ist nicht gut, wenn wir die Not anderer Menschen sehen und an unser eigenes volles oder auch bescheidenes oder mageres Leben denken. Lebensglück verheißt Gott seinen Menschen, die sich in seine Geschichte hineinziehen lassen und so wie wir heute morgen auf seine Worte, die Worte Jesu hören, hinhören auf das, was Gott sagen will und von uns will, dass wir uns dem Bruder und der Schwester liebevoll zuwenden.

Hören wir noch einmal hin, auf die Worte des Anfangs (Lesung): „Gott ist die Liebe und wer in der Liebe bleibt, der bleibt in Gott und Gott in ihm. Darin ist die Liebe bei uns vollkommen, dass wir Zuversicht haben am Tag des Gerichts; denn wie er ist, so sind auch wir in dieser Welt. Furcht ist nicht in der Liebe, sondern die vollkommene Liebe treibt die Furcht aus; denn die Furcht rechnet mit Strafe. Wer sich aber fürchtet, der ist nicht vollkommen in der Liebe. Lasst uns lieben, denn er hat uns zuerst geliebt … Und dies Gebot haben wir von ihm, dass wer Gott liebt, dass der auch seinen Bruder liebt." (1Joh 4, 16b-19.21)

Der Friede Gottes, der größer ist als unsere Vernunft, der bewahre Herzen und Sinne in Jesus Christus. Amen.

❭ Fürbittgebet

Vater im Himmel, wir bitten Dich fur uns, dass wir das Lebensglück, das Du uns schenkst, nicht gering achten, sondern dass es uns erfüllt.

Dass wir nicht neidisch auf andere sehen, die in unseren Augen reicher sind an Lebensglück.

Dass wir im Nächsten unseren Bruder und unsere Schwester sehen und zu ihnen stehen.

Vater im Himmel, wir bitten für die Menschen besonders, die auf den Schattenseiten des Lebens stehen. Sei Du ihnen Trost und stelle ihnen Menschen an die Seite, die ihnen Freundin und Helfer in der Not sind.

Wir bitten für die Menschen, die Deine Worte nicht hören oder nicht richtig hinhören, dass Du auf andere Weise an ihnen bewirkst, dass sie hinsehen, helfen und miteinander teilen.

Wir bitten für die Menschen, die reich sind, dass sie in Deinem Sinn mit ihrem Reichtum umgehen und andere Menschen daran teilhaben lassen und sich verantwortlich fühlen für das Gemeinwohl.

Wir bitten für die politisch Verantwortlichen in unserem Land, in Europa und in der ganzen Welt, dass sie die Not der Menschen sehen und alle Anstrengungen anwenden, gerechte Bedingungen für das Lebensglück der Menschen zu schaffen.

❯ **Segen**

7.2 Die Bedürftigen

❯ Begrüßung und Hinführung

Guten Morgen, liebe Gemeinde. Wir sind eingeladen, miteinander Gottesdienst zu feiern und das Abendmahl gemeinsam zu begehen. Um eine andere, ganz umfassende Einladung wird es heute in unserem Gottesdienst gehen und darum, wie dringend wir auf so eine Einladung angewiesen sind …

❯ Kollektengebet

Herr, lieber Gott, wir loben Dich von ganzer Seele, dass Du auf diesem Erdenkreis Dir wollen eine Kirch erwählen zu Deines Namens Lob und Preis; darinnen sich viel Menschen finden in einer heiligen Gemein, die da von allen ihren Sünden durch Christi Blut gewaschen sein. Amen. (EG 250,1)

❯ Predigt zum Text Lk 14,15–24

Liebe Gemeinde,

ich habe mich bei der Predigtvorbereitung gefragt, woran man wohl hängen bleiben kann beim Lesen oder Hören der Gleichnisgeschichte, die Jesu bei einem Tischgespräch bei einem der Obersten der Pharisäer erzählt. Manchmal verwickelt einen eine Geschichte gleich beim ersten Hören, manchmal erst durch die Predigt, manchmal erst hinterher, wenn man sie noch einmal liest, manchmal auch gar nicht. Ich will mir Mühe geben, zum Verstehen dieses Gleichnisses Jesu beizutragen.

Vielleicht sind Sie hängen geblieben gleich zu Beginn bei der schönen Seligpreisung, die ein eingeladener Gast vor Jesus ausspricht: *Glücklich ist der, der das Brot isst im Reich Gottes.*

Vielleicht ja bei den schönen Einladungsworten, die Eingang gefunden haben in unsere Abendmahlsliturgie: *Kommt, denn es ist alles bereit!*

Oder vielleicht beim Auftrag an den Knecht, die Armen, Verkrüppelten, Blinden und Lahmen, die Menschen mit Behinderung von den Hecken und Zäunen zu holen, hereinzuführen, sie zu nötigen, hereinzukommen.

Oder vielleicht sind Sie hängen geblieben beim zornigen Hausherrn, der erzürnt ist darüber, dass die Eingeladenen nicht gekommen sind, weil sie etwas anderes zu tun hatten, mit ihren eigenen Sachen beschäftigt waren. Spricht Jesus hier eine Drohung aus? Aber: Wer sind denn nur die einen und wer sind die anderen, die eingeladen werden?

Ich selbst hatte bei der Predigtvorbereitung die Geschichte vom reichen Mann und vom armen Lazarus im Ohr, die wir zwei Kapitel weiter im Lukasevangelium finden. Die beiden sind verwandt. Jesus erzählt in seinen Gleichnissen vom Reich Gottes und von der anbrechenden Herrschaft Gottes – so auch hier.

Auch dort: Wer ist der eine und wer ist der andere? Der reiche Mann, wie er in Saus und Braus neben dem armen Lazarus existiert. Von allen zu sehen. Der reiche Mann, der, der im Leben sein Gutes erfahren hat, ein reiches Leben gelebt hat und offenbar keinen göttlichen Trost brauchte. Neben ihm der arme Lazarus, der in besonderer Weise den göttlichen Trost brauchte, in ihm sein Lebensglück gefunden hat. Er, der in Abrahams Schoß getröstet wird. Das Leben hatte Lazarus kein Lebensglück, kein erfülltes Leben beschert.

Ja, es gibt sie, die großen Unterschiede im Hinblick auf die Güter des Lebens und das Lebensglück der Menschen, das man sich selbst nicht einfach beschaffen kann. Und das kann uns zu schaffen machen.

Auch hier: In dieser Gleichnisrede Jesu über das große Abendmahl ist davon die Rede. Die ursprünglich und zuerst eingeladenen Gäste, die offenbar zunächst auch eine Zusage gegeben haben, sind mit anderen Sachen beschäftigt, mit ihren Sachen, Dingen, Menschen. Mit wichtigen Alltagsdingen, die ihre Lebensgrundlage sind. Sie besorgen ihr Leben und sind voll damit ausgelastet und beschäftigt. Sie sorgen sich um ihre Lebensgrundlage, und das ist auch gut so. Indem sie das tun, tun sie das, was alle Menschen tun, die allerdings mit mehr oder weniger vielen Gütern und Gaben ausgestattet sind.

Heute wird in den gesellschaftspolitischen Diskussionen gerne von der Teilhabe am Leben und an den Gütern in der Gesellschaft, am unserer Gesellschaft gesprochen und gefordert, dass jede und jeder teilhaben soll. Die geladenen Gäste, von denen hier zunächst die Rede ist, jedenfalls haben teil und sie sind vielleicht davon so gesättigt, dass es keinen Bedarf gibt an göttlichem Sinn, an einer anderen Glückseligkeit, als die, an der man auf Erden teil hat und die man erstrebt. Was wird von ihnen erzählt?

Einer der geladenen Gäste lässt sich beim Gastgeber so entschuldigen: Ich habe einen Acker gekauft und muss hinausgehen und ihn besehen. Der andere: Ich habe fünf

Gespanne Ochsen gekauft und ich gehe jetzt hin, sie zu besehen. Der nächste: Ich habe eine Frau genommen; darum kann ich nicht kommen. Keine spektakulären Absagen!

Und wir könnten die Reihe fortsetzen und Menschen und Dinge, Lebensgüter, Lebensglücke nennen, nicht nur materielle, mit denen Menschen beschäftigt sind und die ihr Leben so ausfüllen, dass kein Bedarf an andere Sinngebung und Erfüllung da ist. Ja, es gibt sie, diese Menschen, die rundum glücklich und mit dem Leben beschäftigt sind, vom Leben oder Schicksal bevorteilt sind, so sagen es manchmal die, die mit Recht neidvoll auf die anderen blicken. Die, die keinen Trost wollen, weil sie keinen brauchen. Die, die keine Einladung annehmen müssen, weil sie selbst einladen können und es auch tun. In der Beispielgeschichte vom reichen Mann und armen Lazarus ist es so, dass beide sterben, aber auch der Tod sie nicht gleich macht. Sie sind nicht gleich bedürftig. So sagen wir es gern, dass im Tod alle gleich sind, weil alle Menschen sterben müssen. Aber auch das muss Menschen kein Kopfzerbrechen machen und sie auf Gott stoßen oder nach mehr Lebenssinn fragen lassen.

Es fällt uns schwer, das zu akzeptieren, weil wir denken, dass jeder Mensch Gott braucht, noch einen anderen Sinn braucht als den, den ihm seine irdischen Lebensgüter, sein irdisches Lebensglück geben. Jedem von uns fallen gewiss Menschen ein, die sich ganz gut ohne Gott eingerichtet haben in ihrem Leben. Und es irritiert uns. Doch in der Bibel gibt es durchaus auch die Menschen, die in der Begegnung mit Jesus nach dem ewigen Leben fragen, nach dem, was dem Leben Bestand gibt. Da fragte ein reicher Mann danach, doch er konnte sich nicht entscheiden, Jesus nachzufolgen und seine Güter den Armen zu geben.

Auf Glück aus sein, nach Glück zu streben – das gehört zu unserem Menschsein, doch es ist die Frage, was Glück ist. Dieser Text aus dem Lukasevangelium zeigt, dass Glück nicht nur etwas Ideelles ist, vielmehr durchaus die Dinge, die wir besitzen und besorgen, zu unserem Glück gehören. Es sind die Dinge und die Menschen, die zu uns gehören und uns zu unserem Glück verhelfen, unser Glück sind. Um sie sind wir alltäglich besorgt. Aber die Absolutheit dieser Lebenssorge kann Menschen Angst machen, sie erstarren lassen und unfrei machen, so dass sie Gott und die Nächste und den Nächsten nicht sehen.

Allemal reibt sich eine solche Haltung an dem verheißungsvollen Aufruf Jesu in der Bergpredigt: „Sorget nicht um euer Leben, was ihr essen und trinken werdet; auch nicht um euren Leib, was ihr anziehen werdet. Ist nicht das Leben mehr als die Nahrung und der Leib mehr als die Kleidung?" Später dann heißt es dort: „Trachtet zuerst nach dem Reich Gottes und nach seiner Gerechtigkeit, so wird euch das alles zufallen." Es hat immer wieder einzelne Menschen, kirchliche Gruppen, Orden gegeben, die diesem Aufruf Jesu konsequent gefolgt sind, und es wird und sollte sie gewiss auch weiterhin geben.

Der einladende Gastgeber, mit dem Jesus auf Gott hinweist, ist zornig über die Absagen der Geladenen, mehr noch darüber, dass sein Haus leer bleibt, und er bittet seinen Knecht, auf die Straße zu gehen und die einzuladen, die arm sind und die, die behindert sind. Sie zu nötigen, sie herbeizuschleppen, sie herbeizutragen: die Verkrüppelten, Blinden und Lahmen. Sind sie die zweite Wahl? Diese Frage hat viele Ausleger dieses Gleichnisses bewegt und sie fragen lassen: Wer ist mit den einen gemeint? Wer ist mit den anderen gemeint? Eine sehr problematische und folgenreiche Auslegung war die, in den Verweigerern die Juden, das jüdische Volk zu sehen und in den armen Menschen und den behinderten Menschen auch die Heiden eingeschlossen zu sehen.

Es ist nicht die zweite Wahl des Hausherrn, nein: Es sind die Bedürftigen, die des Essens und Trinkens bedürftig sind, gewiss, doch noch mehr – die, die in besonderer Weise des göttlichen Trostes und der Gemeinschaft mit Gott bedürftig sind. Sie, die nicht teilhaben können an dem Lebensglück der anderen, die nicht ihre Lebensgüter selbstständig und aktiv besorgen können. Sie, die nicht einfach alle geheilt werden von Jesus. Sie, die Menschen mit Behinderung, die trotz allen Bemühens, bei dem man nicht nachlassen soll, nicht so ohne Weiteres einfach integriert werden können, wenn man sich selbst und ihnen nichts vormachen will. Wie können sie teilhaben mit uns – mit uns allen gemeinsam?

Nun, sie sind es, die im Reich Gottes einen besonderen Platz einnehmen, nicht erst in ferner Zukunft, sondern hier und jetzt, denn das Reich Gottes ist in und mit Jesus angebrochen.

Das von Jesus erzählte Gleichnis kann uns hinführen zur Feier des Abendmahls. Hier werden tatsächlich alle versammelt, bei der Feier am Tisch des Herrn, die Gesunden und die Kranken, die des Arztes bedürfen. Die Menschen ohne Behinderung und mit Behinderung. Lebenssatte und lebensmatte Menschen. Glückliche und Unglückliche. Reiche und Arme. Ja, Sünder und Gerechte – das war eine große Provokation in den ersten christlichen Gemeinden und kann es bis heute sein. Hier geht es nicht um das Besorgen der Dinge des Lebens und die Lebensentbehrungen. Hier heißt es: Es ist alles für euch alle bereitet, kommt herbei und feiert! „Schmecket und sehet, wie freundlich der Herr ist." (Ps 34,9)

Die, die der Einladung nicht gefolgt sind, werden das Abendmahl nicht schmecken. So sagt es der Hausherr am Schluss im Gleichnis. Aber erinnern wir auch die Seligpreisung vom Anfang: „Glücklich ist, der das Brot isst im Reich Gottes." So haben wir es eben gesungen: „Jedes Geschöpf lebt von der Frucht der Erde, doch dass des Menschen Herz gesättigt werde, hast du vom Himmel Speise uns gegeben zum ewigen Leben." Alle, ja alle werden eins gemacht in der Feier des Abendmahls. Dass verbindet uns miteinander, dass wir alle teilhaben an Gott und die himmlische Speise empfangen. Alle: die, die um ihr Leben besorgt sind, die, die trostbedürftig sind und die, die gar nicht wissen, dass sie trostbedürftig sind. Dieses „Alle" – das ist mehr als Integration. Das ist eigentlich durch nichts mehr zu überbieten, habe ich gedacht, und doch gibt es den überbietenden Satz aus dem Epheserbrief, den wir in der Lesung gehört haben: „So seid ihr nun nicht mehr Gäste und Fremdlinge, sondern Mitbürger der Heiligen und Gottes Hausgenossen." (Eph 2,19)

Liebe Gemeinde, es wird uns ein Recht gewährt, ein Bürgerrecht im Himmel. Uns wird ein besonderer Status verliehen: der Bürgerstatus. Hier wird das Zusammensein und Zusammengehören in der Gemeinde zu einer politischen Größe, und hier sind wir auch als Bürger und Bürgerinnen im Gottesreich aufgefordert, uns als Bürger und Bürgerinnen im weltlichen Reich auf der Erde zu engagieren und für die Teilhabe möglichst vieler Menschen einzutreten und um sie Sorge zu tragen. Amen.

❭   Fürbittgebet

Vater im Himmel, wir bitten für uns, dass wir das Lebensglück, das Du uns anbietest, nicht verachten, sondern daraus leben.

Wir bitten für uns, dass uns die Sorge um unser Leben nicht übermäßig umtreibt, sondern dass wir dem Versprechen Deiner Fürsorge trauen.

Wir bitten für die Menschen nah und fern, die mit dem Besorgen ihrer Lebensdinge vollauf beschäftigt sind und Dich nicht brauchen. Rühre Du sie an, finde einen Weg, mit ihnen zu sein.

Wir bitten heute besonders für die Menschen mit kleinen und großen Behinderungen. Tröste Du sie, halte sie in Deiner Obhut. Wir bitten für uns und unsere Aufmerksamkeit auf sie. Wir bitten für die Ärzte, Therapeuten, Krankenschwestern, Sozialarbeiter, Lehrer, Eltern und viele andere, die mit ihnen zu tun haben. Gib ihnen Liebe, Klugheit und Geduld im Umgang mit ihnen. Lass in unserer Gesellschaft das Miteinander zunehmen, wachsen. Gib Ideen und therapeutischen Fortschritt, dass ihnen geholfen werden kann.

Wir bitten für Deine Kirche, dass sie aufmerksam bleibt auf das, was Du an Gemeinsamkeit stiftest.

Wir vertrauen Dir die ganze Welt an, die Krisenherde, die armen, hungernden und kranken Menschen. Dass die Verantwortlichen alles daran setzen, für diese Brot zu beschaffen.

Lass uns das Brot miteinander teilen. Amen.

❭   Segen

7.3 Der ungerechte Mammon

> **Begrüßung und Hinführung**

Ich begrüße Sie herzlich zum Gottesdienst. Wir feiern diesen Gottesdienst im Namen des Vaters und des Sohnes und des Heiligen Geistes. Amen. – *Der schnöde Mammon!* Viele Menschen kennen den Begriff Mammon aus der Bibel, aus dem Mund Jesu. Über Geld spricht man doch nicht? Jesus, der selbst besitzlos war, hat darüber gesprochen. Wie, das erfahren wir heute Morgen.

> **Kollektengebet**

Lieber Vater im Himmel, wir danken Dir für die Ruhe dieser Nacht und für den neuen Morgen, für das Licht und die Farben. Wir danken Dir, dass du als Schöpfer immerfort am Werk bist und nicht aufhörst, Deiner Menschenkinder zu gedenken. Öffne unsere Sinne für deine Werke, öffne unser Ohren und öffne unsre Herzen, dass wir Dein Wort recht aufnehmen, und öffne unseren Mund zum Lob Deiner Werke. Gib uns den Geist, dass er an uns den Glauben bewirkt, immer wieder neu. Amen.

> **Predigt zum Text Lk 16,1–9**

Liebe Gemeinde,

eine ungewöhnliche Geschichte aus dem Munde Jesu! Die christliche Kirche denkt an das Gericht Gottes. Sie hofft auf ihren Herrn Jesus Christus, der Recht sprechen will. Sie hofft auf den Herrn, von dem wir jeden Sonntag im Glaubensbekenntnis bekennen: der wiederkommen wird zu richten die Toten und die Lebenden. Sie hofft auf den Herrn, der Recht spricht über die Geschichte, seine Menschheit und die Taten der Menschen. Sie hofft auf die Erlösung der ganzen Kreatur. Wir dürfen uns ruhig fragen, ob wir das tatsächlich erhoffen und das so auch tröstlich und verheißungsvoll gepredigt und gesungen wird wie in alten Kirchenliedern – nicht nur an diesem einen Sonntag.

Aber zunächst einmal führt uns diese Geschichte einen etwas anderen Weg hin zum Thema des Gerichts. Ich lade Sie ein, diesen Weg mit mir zu gehen und dabei spannende Entdeckungen zu machen. Eine fast schon kecke oder unverschämte Geschichte von einem Menschen aus der Welt des Geldes, der Wirtschaft, der Ökonomie, der Korruption, des Betrugs.

Davon ist ja auch zurzeit in unserer Gesellschaft und in der Politik viel die Rede. Von einem Schuldenberg und Misswirtschaft, von Steuererhöhung und Reichensteuer hören wir täglich und es wird nach Auswegen gesucht, die sozialverträglich sind und die soziale Gerechtigkeit nicht gefährden. Wir sind als Bürger herausgefordert, uns weiterhin als Solidargemeinschaft zu verstehen, und das meint eben auch: als Gemeinschaft der Reichen und der Armen, der Besitzlosen und der Besitzenden. So die politische Sprache in unserem reichen Land. Hoffentlich bleiben es nicht nur Worte, sondern gelingt das in der politischen und gesellschaftlichen Realität. Dafür wollen wir beten.

Herausfordernd ist die Geschichte, weil da offensichtlich Jesus das Verhalten eines Menschen lobt, der den Besitz, das Vermögen seines Herrn, seines Arbeitgebers verschleudert hat und zur Rechenschaft gezogen werden soll. Ein Mensch, der seinen Herrn betrogen hat und dann noch weiterhin betrügt, indem er die Schuldner seines Herrn zur Urkundenfälschung ermutigt: Verändere deinen Schuldschein, schreibe weniger Schulden auf. Ein gänzlich unmoralisches Verhalten.

So schlitzohrig sich das auch anhört, Jesus will uns nicht amüsieren oder auf den Arm nehmen und die Welt des Geldes und der Wirtschaft, des Kapitals ins Lächerliche ziehen. Es liegt ihm in dieser Geschichte nicht an einem moralischen Urteil, etwa über den Kapitalismus. Dass es sich hier um Betrug handelt, das ist für alle offensichtlich – so offensichtlich es für uns ist, dass das bis heute eine Tatsache ist.

Jesus will nicht die Welt des Geldes, des Besitzes und des Eigentums angreifen, und wir würden es gern erweitern und auf die Wirtschaft, das Kapital und die Banken beziehen. Er will nicht reiche Menschen verurteilen. Im Gegenteil, er nimmt diese Welt sehr ernst und das Verhalten der Menschen, das damit verbunden ist. Es war und ist eine Wirklichkeit, die das Leben der Menschen bestimmt hat und immer bestimmt, das der Armen und das der Reichen.

Obwohl Jesus den Reichtum nicht verurteilt, spricht er doch vom ungerechten Mammon. Was meint er damit? Das aramäische Wörtchen „Mammon" hat seinen festen Ort in unserer Alltagssprache. Oft gebrauchen wir es mit einem Augenzwinkern so wie meine Schwester, die auf ihren Ordner mit Wertpapieren „Mammon" geschrieben hat. Vor ein paar Tagen kaufte ich eine Zeitung am Kiosk. Der Verkäufer sprach mit einem Kunden zufällig über das

Aramäische, beide rätselten herum, was das wohl für eine Sprache sei. Und ich konnte mich nicht zurückhalten und sagte ihnen, dass das Wörtchen Mammon ein aramäisches Wort ist und in der Bibel steht. Sie schauten mich erstaunt an und einer fragte verwundert und mit einem kleinen Lächeln: der schnöde Mammon? Ich habe ihnen leider nichts von meinen Predigtvorbereitungen erzählt.

Aber das Wörtchen ist manchmal auch halb oder ganz negativ besetzt. Das aramäische Wörtchen meint ganz schlicht die Habe, der Besitz, das Geld, Reichtum. Und dieses Wörtchen ist im griechischen Neuen Testament und in der lateinischen und deutschen Übersetzung erhalten geblieben. Wir mögen uns dann aber doch jetzt fragen: Ist denn Reichtum etwas Ungerechtes? Oder so: Was macht den Reichtum ungerecht? Nun gewiss nicht das, dass jeder Reichtum auf schlechtem betrügerischem Weg erworben wäre, dass Geld und Reichtum grundsätzlich etwas Schlechtes wären und man lieber ohne alles auskommen sollte. Es meint auch nicht, dass man sich eigentlich nur die Finger daran schmutzig machen kann.

Ungerecht ist der Mammon für uns dann, wenn wir nicht recht mit dem Reichtum umgehen, ihn nicht recht in Gebrauch nehmen. Ungerecht ist er, wenn wir ihn nur für uns und unser Glück verwenden, wenn wir alles für uns allein verbrauchen, wenn wir nicht sorgsam damit umgehen und nicht die im Blick haben, die bedürftig sind. Wenn wir ganz unser Herz daran hängen und es für uns zu Gott wird. Martin Luther hat das in einer Predigt sehr schlicht so gesagt:

„Das heutige Evangelium ist eine Predigt von guten Werken und sonderlich wider den Geiz, dass man Geld und

Gut nicht missbrauchen, sondern armen, dürftigen Leuten damit helfen soll. Wie der Herr am Ende mit klaren Worten sagt: Machet euch Freunde mit dem ungerechten Mammon."

Wie anders hört sich dagegen der Werbeslogan an: Geiz ist geil! Geiz ist etwas Tolles. Schaut nur genau hin, wo ihr etwas für euch selbst am billigsten bekommt. Damit können wir Menschen Tag für Tag beschäftigt sein. Und wir merken selbst nicht, wie sehr unser Herz am Mammon hängt. Denken wir auch an die Werbung, das Geld nur ja gut und gewinnbringend anzulegen zum Beispiel in Aktien. Und wie groß ist das Jammern, wenn keine Gewinne gemacht werden.

Geld, Besitz, Eigentum, Reichtum ist nicht von vornherein ungerecht. Er wird ungerecht, wenn wir nicht recht damit umgehen, wenn wir ihn für uns allein verbrauchen, die Armen nicht sehen und ihnen nichts abgeben. Das geht uns persönlich an, wie wir mit unserem Reichtum, unserem Besitz umgehen, das geht aber auch die ganze Gesellschaft und den Staat an. Die Bibel hat einige Beispiele hierfür parat, wenn da Zachäus nach seiner Bekehrung die Hälfte seines Besitzes den Armen geben will, wenn der reiche Mann Jesus nicht nachfolgt, weil ihn sein Reichtum daran hindert.

Reichtum wird ungerecht, wenn wir denken, dass wir uns alles selbst erworben haben, dafür gearbeitet haben – und die, die keinen Reichtum haben, sich diesen doch bitte sehr selbst erwirtschaften sollen. Wie sehen heute immer mehr, wie ungerecht dieses Denken ist … Wir vergessen dann die vielen Menschen, die nie im Leben dazu eine Chance bekommen.

Und wir vergessen auch, wie sehr Arme und Reiche miteinander verbunden sind, so wenn wir gemeinsam beten: Unser täglich Brot gib uns heute. Es heißt eben nicht: Gib doch den Armen Brot, wir beschaffen uns unser Brot schon selbst!

Liebe Gemeinde, hören wir wieder in unsere Geschichte hinein. Der Verwalter handelt klug, wenn er so handelt, denn er macht sich dadurch Freunde, dass er die Schuldner animiert, weniger auf den Schuldschein zu schreiben und damit den Herrn zu betrügen.

Er erhofft sich davon, dass diese ihn dann in ihre Häuser aufnehmen, wenn er selbst ohne Haus und Arbeit ist. So redet er zu sich: „Was soll ich tun? Mein Herr nimmt mir das Amt; graben kann ich nicht, auch schäme ich mich zu betteln. Ich weiß, was ich tun will, damit sie mich in ihre Häuser aufnehmen, wenn ich von dem Amt abgesetzt werde."

Nicht der Betrug wird gelobt, der Betrug bleibt ein moralisch verwerfliches Verhalten. Aber das „zukunftsorientierte Verhalten" wird gelobt – so sagt es ein Theologe in einem Predigtkommentar. Der ungetreue Verwalter wird gelobt, weil er klug gehandelt hat, weil er Vorsorge trifft. Ob ihn die Schuldner tatsächlich aufnehmen, ob der Verwalter ihn entlässt, davon erfahren wir in der Geschichte nichts.

Jesus ermahnt seine Zuhörer und Zuhörerinnen, dass sie ebenso klug handeln sollen wie die Kinder dieser Welt, die offensichtlich klüger sind als die Kinder des Lichtes, die Gotteskinder. Aber woraufhin läuft das alles hinaus? Es bleibt ja nicht bei einer weisheitlichen Ermahnung:

Schaffe dir mit dem Geld Freunde, damit sie dir in der Not helfen. Aber so sicher kann man sich da gar nicht sein, wie das der verlorene Sohn erfahren hat. Nachdem er sein Geld mit den Freunden vertan hat und selbst ohne etwas da steht, nehmen ihn diese nicht in ihre Häuser auf.

Jesus will nicht einfach einen lebenskundlichen Rat geben. Nein, hier erfährt das Gleichnis Jesu seine eigentliche Zuspitzung, die diese Geschichte auszeichnet für das Reden vom Gericht Gottes.

Hören wir die tröstliche Ermahnung Jesu noch einmal: „Macht euch Freunde mit dem ungerechten Mammon, damit, wenn er zu ende geht, sie euch aufnehmen in die ewigen Hütten." Nicht von den irdischen Häusern spricht er hier, sondern von der Ewigkeit.

Der Blick der Zuhörer und Zuhörerinnen wird in den Himmel, die zukünftige Welt gelenkt. Wir trauen uns diesen Blick gar nicht zu, wer kann darüber schon Auskunft geben. Aber die Bibel gewährt uns manchmal einen Blick in den Himmel, in die Welt Gottes, wie in dieser Geschichte – ein uns gar nicht mehr so vertrauter Blick. Da wird nicht Gericht gehalten über den rechten oder falschen Glauben, da wird Gericht gehalten über die Werke der Menschen.

Dort werden die Freunde die aufnehmen, die ihnen Gutes getan, ihnen von ihrem Besitz abgegeben haben. Ein riskanter Blick in den Himmel, wo wir nicht nur von Gott und Christus empfangen werden, sondern gerade auch von denen, denen wir uns als Freund erwiesen haben. Martin Luther hat sich nicht gescheut, sich das ganz anschaulich vorzustellen. Er sagt es so:

„Darum geht die Lehre des heutigen Evangeliums vornehmlich dahin, dass man nicht geizig sein soll, sondern das Gut recht brauchen, und sich Freunde damit machen soll, dass Gott bescheret hat; auf dass, wenn wir sterben und darben, das ist, wenn wir alles zurücklassen müssen, wir Freunde dort finden, die uns in die ewigen Hütten nehmen. ..." Gewiss bezeichnet Luther Jesus dann als den wahren Freund, aber es sind auch die anderen. „Und dort wird Christus vor seinem Vater sagen, was wir ihm Gutes getan haben."

Ja, ihm selbst! Das, was wir anderen Gutes getan haben, das haben wir Christus selbst getan. So sagt es Jesus in der „Gerichtspredigt" in Mt 25: „Denn ich bin hungrig gewesen, und ihr habt mir zu essen gegeben. Ich bin durstig gewesen und ihr habt mir zu trinken gegeben. Ich bin ein Fremder gewesen und ihr habt mich aufgenommen. Ich bin nackt gewesen und ihr habt mich gekleidet. Ich bin krank gewesen und ihr habt mich besucht. Ich bin im Gefängnis gewesen und ihr seid zu mir gekommen."

Und sie fragen: Wann haben wir dich so erlebt und haben Dir das alles getan? Daraufhin sagt Jesus: Was ihr getan habt einem von diesen meinen geringsten Brüdern, das habt ihr mir getan."

Jesus will mit seiner Rede vom Gericht nicht Angst machen, uns gar bedrohen oder anklagen. Ihn selbst hat ja Gott als den gnädigen Richter bestimmt. Er will zugleich trösten und mahnen zum Tun der guten Werke. Gewiss können wir uns mit den guten Werken nicht den Himmel verdienen, aber die guten Werke fließen aus dem Glauben (Luther). Diese guten Werke gefallen Gott. Jesus spricht im Lukasevangelium vom Lohn im Himmel. Diese guten Werke dürfen uns auch Freude machen. Diese guten Werke können wir hier und jetzt tun, heute und morgen und es gut sein lassen.

Es ist nicht unsere Aufgabe oder Pflicht, uns ständig für alles verantwortlich zu fühlen, etwa für das ganze Weltgeschehen, für alle Ungerechtigkeit und alles Leid, alles Elend, das uns manchmal in einem einzigen Menschen begegnet oder aber auch im großen Elend in einer Weltregion, das zum Beispiel durch Naturkatastrophen verursacht ist. Dafür können wir Menschen gar keine Verantwortung übernehmen. Gott und Christus tragen diese Welt hindurch bis zu ihrer endgültigen Erlösung. Das ist uns verheißen, das dürfen wir erhoffen für uns selbst und für die ganze Welt und ihre Geschichte, die ganze Kreatur und den Kosmos. Amen.

❭ Fürbittgebet

Herr, wir bitten für uns, das wir recht mit dem umgehen, was wir besitzen, und dass wir unser Herz nicht daran hängen, dass wir lernen, mit anderen zu teilen. Dein Reich komme.

Herr, wir bitten für die Armen, für die Menschen, die kaum eine Chance haben, am Reichtum der Gesellschaft teilzuhaben. Lass sie die Hoffnung und die Bemühungen nicht aufgeben. Dein Reich komme.

Herr, wir bitten für die Opfer von Gewalt und Krieg in allen betroffenen Ländern, die unschuldigen und die schuldigen Opfer. Nimm sie in Dein Reich auf und lass ihnen

Deine Gerechtigkeit zukommen – jedem Einzelnen. Dein Reich komme.

Herr, wir bitten für die Politiker und Politikerinnen in unserer Gesellschaft, dass sie bei allen notwendigen Entscheidungen versuchen, sozial gerecht zu entscheiden. Und mach uns als Bürgerinnen und Bürger bereit zu teilen. Dein Reich komme.

Herr, wir bitten für Deine Kirche, dass sie nicht müde wird und in der Hoffnung auf Dein Kommen lebt. Amen.

❭ **Segen**

8 FRIEDEN

8.1 Soll ich meines Bruders Hüter sein?

> Musik

> Begrüßung

Ich begrüße Sie herzlich zur Taizéandacht mit dem Psalm-wort: *Siehe, wie fein und lieblich ist's, wenn Brüder ein-trächtig beieinander wohnen!*

> Lied: Laudate dominum

> Gebet: Psalm 133

> Lied: Confitemini domino

❭ Bildmeditation: Kain und Abel

Projizieren (Daten zum Download auf www.v-r.de bei der Anzeige des Buches)

❭ Bildmeditation

Ich habe heute keine Folie, kein Bild aus der großen Kunst, sondern eine alte Wandkarte aus dem Religionsunterricht ausgewählt. Eine Wandkarte, wie sie die Älteren vielleicht noch kennen aus einer medien-techniklosen Zeit in der Schule. Ich habe diese schon sehr brüchige Karte seit Jahren im Keller und erst einmal musste ich sie vom Staub befreien. Es ist kein schönes Meditationsbild, gewiss …

Kain und Abel, die Geschichte vom Brudermord … diese alte Geschichte lesen wir auf den ersten Seiten der Bibel. Wie viele, viele Menschen, auch Kinder im Unterricht haben sie gehört und gelesen und solche drastischen Bilder angeschaut. Diese Geschichte fasziniert, so habe ich es immer wieder im Unterricht erlebt, schon die Kleinen. Eben deshalb habe ich heute die Wandkarte mitgebracht, diese alte Darstellung einer noch viel viel älteren Geschichte.

„Wo ist dein Bruder Abel?" So fragt Gott Kain, nachdem dieser seinen Bruder tot geschlagen hat. Und Kain antwortet ziemlich unverfroren „Muss ich meines Bruders Hüter sein?" Die Geschichte vom Brudermord ist zugleich eine Geschichte der eindringlichen Ermahnung, die viele viele Menschen gehört haben bis heute. Und doch konnte der Brudermord nicht ausgerottet werden. Überall auf der Welt ist er anzutreffen, immer wieder ereignet er sich: Menschen töten andere Menschen, die ihre Menschenbrüder sind.

Brudermord, Geschwistermord trotz der Weisung Gottes, den Bruder zu lieben und zu achten? „Siehe, wie fein und lieblich ists, wenn Brüder einträchtig beieinander wohnen. Es ist wie das feine Salböl auf dem Haupte Aarons, das herabfließt in seinen Bart, das herabfließt zum Saum seines Kleides, wie der Tau, der vom Berg Hermon herabfällt auf die Berge Zions." So heißt es im Psalm.

Brudermord, Menschenmord nach wie vor – was tun? Resignieren, aufgeben oder weiter erinnern an diese Geschichte, Gott ermahnen und bitten lassen … Die Friedensdekade will erinnern, ermahnen, bewusst machen. Die Erlanger Christen für den Frieden haben bisher nicht aufgegeben. Gott gibt nicht auf, auch wenn wir Menschen resignieren mögen. Er hört nicht auf zu mahnen und zu werben für die Bruderliebe.

Sehr drastisch wird der Mord auf diesem Bild in grellen und finsteren Farben und starken Kontrasten dargestellt. Im Hintergrund die Opferaltäre, der Rauch der nach oben steigt und der Rauch, der nicht nach oben steigt. Hat Gott das Opfer des einen angenommen, das des anderen nicht? Wie spielt Gott hier mit? Das Opfer des einen hat Gnade gefunden bei Gott, das des anderen nicht. Kain hat nackte Existenzangst, Lebensangst. Wird das Leben des Bruders gelingen und sein Leben nicht? Kain beneidet Abel. Der Neid scheint tief verankert zu sein in unseren menschlichen Affekten, Neid auf den anderen Menschen, sein „Mehr" an Leben, an Besitz, an Können, an Sympathie.

Die Darstellung der Geschichte auf diesem Bild ist sehr einfach in ihrem moralischen Urteil und das ist nicht unproblematisch: Kain der Schuldige und Abel das hilflose Opfer. Oben rechts steht der frei nach dem biblischen Text gestaltete Satz: Unterdrücke die Lust zur Sünde. Tatsächlich wird Kain eindringlich von Gott ermahnt, diese Tat nicht zu tun. Doch die Tat geschieht. Gott konnte den Mord nicht verhindern.

Auch wir wollten ihn gern verhindern – so hat das Hilde Domin in einem Gedicht gesagt. Ich lese ein paar Verse daraus:

Abel, steh auf
Damit es anders anfängt
Zwischen uns allen.

Wenn Du nur aufstehst
Und es rückgängig machst
Die erste falsche Antwort
Auf die einzige Frage
Auf die es ankommt
Steh auf
Damit Kain sagt
Damit er es sagen kann.
Ich bin dein Hüter, Bruder.
Abel steh auf, damit es anders anfängt zwischen uns allen.

Doch das Opfer liegt da im hellen Strahl des göttlichen Lichtes. Gott sieht einfühlsam den Toten, alle die Toten, deren Blut bis jetzt in die Erde eingedrungen ist, so dass diese zu Gott klagt. Gott sagt zu Kain „Die Stimme des Blutes deines Bruders schreit zu mir von der Erde." Es gibt bis heute unzählige Tote, die namenlos verscharrt sind in der Erde. Sie werden von Gott nicht vergessen. Kain flieht mit entsetztem Gesicht. Der Mörder auf der Flucht. Er selbst muss sich jetzt ängstigen, dass ihm das Gleiche widerfährt. Kain stürzt entsetzt, kopflos, so scheint es, fort von der Stelle des Mordes, ins Dunkle.

Wer schützt jetzt den Mörder? Wird aus dem Dunkel jetzt ein anderer hervortreten und Kain töten? Kain klagt diese Angst, diese Sorge an Gott heran. Er hat jetzt Angst um sein eigenes Leben. Gott selbst ist es, der Kain schützt. Auf dem Bild trifft Kain ein Strahl des himmlischen Lichtes. So heißt es im biblischen Text: „Nein, sondern wer Kain totschlägt, das soll siebenfältig gerächt werden. Und der Herr machte ein Zeichen an Kain, dass ihn niemand erschlüge, der ihn fände." Gott nimmt Kain, den Mörder seines Bruders, in seinen Schutz. Gesetze zum Schutz des Menschen haben wir heute in unserer Verfassung. Wir brauchen sie dringend, weil auf unser Tun oft kein Verlass ist. Man könnte sagen, hier in diesem alten biblischen Texte finden wir das erste Gesetz zum Schutz der Menschen, ein göttliches Gesetz.

Und so steht bis heute beides notwendig miteinander: Die Gesetze zum Schutz der Menschen und die dringliche Bitte und Aufforderung, auf den Bruder, den Mitmenschen, unseren Nächsten zu achten und ihn zu lieben. Soll ich meines Bruders Hüter sein? Ja, du sollst. Darum wirbt Gott bei uns und er hört nicht auf darum zu werben, liebevoll und ernst und eindringlich zugleich.

Sehr schön hat das Martin Luther in der Auslegung des Gebots „Du sollst nicht töten!" im Kleinen Katechismus gesagt. „Wir sollen Gott fürchten und lieben, dass wir unserem Nächsten an seinem Leibe keinen Schaden noch Leid tun, sondern ihm helfen und beistehen in allen Nöten." Amen.

❯ Lied: Ubi caritas

❯ Fürbitten

❯ Lied: Domine deus

❯ Vaterunser

❯ Lied: Dona nobis pacem domine

❯ Segen

Gott gebe uns Kraft, dass wir der Hüter unseres Bruders und unserer Schwester sind. Und der Friede Gottes, der höher ist als unsere menschliche Vernunft, der bewahre unsere Herzen und Sinne in Christus Jesus. So gehet nun hin im Frieden des Herrn. Amen.

❯ Lied: Domine dona nobis pacem/Musik

8.2 Brot und Frieden

❭ **Musik**

❭ **Begrüßung**

Ich begrüße Sie zur Taizéandacht mit dem Wort Jesu: *Selig sind, die Frieden schaffen, denn sie werden Kinder Gottes genannt werden.*

❭ **Lied: Laudate dominum**

❭ **Gebet: Psalm 85**

❭ **Lied: Confitemini Domino**

❭ **Bildmeditation: Brot und Frieden**

Projizieren (Daten zum Download auf www.v-r.de bei der Anzeige des Buches)

Ein angebissenes oder angeschnittenes Brot in Stacheldraht eingesperrt. Niemand kann heran, ohne sich dabei zu verletzen. Es wirkt richtig ofenfrisch, sodass man es förmlich riechen kann. Aber wer kommt heran und kann essen?

Wer kriegt wie viel? Wie soll man überhaupt herankommen, ohne sich zu verletzten? Dieses Symbol haben sich in diesem Jahr die Planer der Friedensdekade ausgedacht.

Brot für alle, so heißt es in einem neueren Kirchenlied. Unser tägliches Brot gib uns heute, uns allen – so beten wir im Vaterunser. So beten die, die Brot haben und die, die kein Brot haben. Es ist das Brot für alle, eine gute Gabe Gottes, die wir miteinander teilen sollen. Und hier und da gelingt das ja auch.

Die guten Gaben nicht einsperren, nicht unzugänglich machen für andere, sie nicht in Containern horten. Brot für alle … Dann müssten wir den Draht aufschneiden und das Brot unendlich vermehren. Wenn die Güter richtig verteilt werden, ist dann genug Brot für alle da.

Wir können das Brot als ein Symbol verstehen, weil die meisten von uns genug Brot haben. Aber für die Leute, die anstehen für Brot, die gierig Ausschau halten nach Brot für sich und ihre Kinder, die gewalttätig werden, um an Brot zu kommen, für sie ist es kein Symbol sondern nacktes Leben, oft eine Frage des Überlebens. Die Leute, die sich Lebensmittel besorgen bei der Erlanger Tafel oder anderen Tafeln, werden immer mehr. So lesen wir es in der Zeitung.

Kein Brot zu haben, kann Anlass sein für Krieg. Wenn die einen haben und die anderen nicht, kann das den inneren

Frieden einer Gesellschaft stören, das Gemeinschaftsleben erheblich stören. Es sind Brot und andere Grundnahrungsmittel, aber es sind auch andere Güter. Der Friede in einer Gesellschaft ist gefährdet, wenn es hier ungerecht zugeht.

Davon weiß der Beter des Psalms auch ein Lied zu singen, wenn er hoffnungsvoll und liebevoll sagt: „dass in unserem Lande Ehre wohne, dass Güte und Treue einander begegnen, Gerechtigkeit und Friede sich küssen …" Er fleht den Frieden herbei, der von Gott ausgeht: „Herr, erweise uns deine Gnade und gib uns dein Heil …" und schaut sogleich in die Welt, in die Gesellschaft, dass sich hier etwas ereignen möge von dem Frieden und der Gerechtigkeit, die von Gott ausgehen.

So bittet er, dass Treue auf der Erde wachse, dass wir Menschen uns gegenseitig treu sind und das zerbrechliche menschliche Zusammenleben gestärkt wird. Er betet das, weil er um die Treue Gottes zu seinen Menschenkindern, um seine Gerechtigkeit weiß, sich auch in der Zukunft darauf verlassen kann bis Gott einen neuen Himmel und eine neue Erde schaffen wird.

Den Frieden zu wahren nach innen und nach außen. Da denken wir zunächst, dass das die Aufgabe der Politiker und Politikerinnen ist. Das ist gewiss auch ihre vornehmste Aufgabe, aber auch wir sind daran beteiligt. Nicht nur dass wir friedliche Gefühle füreinander hegen oder schlicht friedliebende Bürger sind, oder dass wir den Frieden fordern bei Demonstrationen.

Die Seligpreisung Jesu aus der Bergpredigt zeigt uns einen anderen Weg: „Selig die Frieden stiften, schaffen, denn sie werden Gottes Kinder genannt werden." Etwas zum Frieden durch unser Tun beitragen, das sind oft kleine Dinge: versöhnende Schritte, gute, versöhnliche Worte und Gaben. Die, die das tun, werden von Jesus Kinder Gottes genannt. Und wir alle sind alltäglich darauf angewiesen im Beruf, in der Familie, in der Nachbarschaft, dass *uns* Menschen friedensstiftend begegnen: Nachbarn, Kollegen, Freunde ... dass wir nicht gemobbt werden und angegangen werden. Nein, dass wir uns in Gemeinschaften aufhalten und viele dazu beitragen, dass das Miteinander hier gelingt. Friedensstiftend können alle Menschen wirken ... nicht nur Christen und Christinnen, auf „dass Güte und Treue einander begegnen, Gerechtigkeit und Friede sich küssen." Amen.

❭ **Lied: Dona nobis pacem Domine**

❭ **Fürbitten**

Herr, wir denken an die schrecklichen Terroranschläge, die jeden Tag immer wieder neu irgendwo in unserer Welt passieren und passieren können. Wir denken an die Opfer und befehlen sie Dir an. Wir denken an die Täter, die auch unsere Brüder und Schwestern sind.

Lass sie doch erkennen, dass diese Menschen, die sie aus blindem Hass oder religiösem Eifer umbringen oder umbringen wollen, ihre Brüder sind. Gib ihnen Einsicht und bewahre sie vor dem Tun des Bösen. Gib den Politikern gute Ideen und Einsicht, dass sie vernünftige Mittel finden, gegen den Terror anzugehen.

Herr, wir bitten Dich für die Christenheit weltweit, dass sie Dein Wort recht verkündigen und recht danach leben,

Dein Wort der Gerechtigkeit und des Friedens. Dass sie Deine Botschaft nicht menschlich und politisch nach eigenem Gutdünken radikalisieren und damit meinen Krieg führen zu können, Krieg mit Waffen oder Worten.

Herr, wir bitten Dich für das Gespräch der Religionen miteinander und ihr Handeln in der Welt, dass es zum Frieden und zur Versöhnung beiträgt und nicht Feindschaft stiftet, dass es nicht zum Brudermord kommt. Herr, gib, dass wir uns untereinander als Menschengeschwister erkennen. Amen.

❭ **Lied: Domine deus**

❭ **Vaterunser**

❭ **Lied: Domine domine dona nobis pacem**

❭ **Segen**

Selig, die Frieden stiften, denn sie werden Gottes Kinder genannt werden. So gehet nun hin im Frieden des Herrn. Amen.

❭ **Musik**

8.3 Christus in der Mandorla – der Weltenrichter

Autun
Tympanon der Kathedrale

› Musik

› Begrüßung

Ich begrüße Sie herzlich zur Taizéandacht mit dem Psalmwort: *Singet dem Herrn ein neues Lied; singet dem Herrn alle Welt.*

› Lied: Laudate omnes gentes

› Gebet: Psalm 96

› Lied: Singt dem Herrn ein neues Lied

› Bildmeditation: Tympanon in der Lazaruskirche in Autun

Den Teufelskreis durchbrechen, ihn verlassen durch Lieder, durch Gesang? Nach dem Motto: „Wo man singt, da lass dich ruhig nieder. Böse Menschen haben keine

Lieder."? In diesem Satz steckt zumindest ein Körnchen Wahrheit.

Doch der Psalm fordert uns nicht einfach zum Singen auf, sondern zum Singen eines neuen Liedes. Wir sollen neue Lieder singen. Was ist ein neues Lied? Nun, das sind nicht neue Lieder, die wir erfinden und vor uns hin singen oder aus uns heraus singen. Das neue Lied, so wie dieser Psalm, ist uns gegeben, uns in den Mund gelegt.

Das neue Lied beklagt, besingt nicht das Leid, die Gewalt und den Krieg und die bösen Menschen. Wenn wir das neue Lied singen, geben wir damit Gott die Ehre als dem Herrn der Welt, der allein unser Heil bewirken kann. Unser Blick wird umgelenkt. Wird damit der Teufelskreis durchbrochen, verlassen? „Den Teufelskreis verlassen", so lautet das Motto der diesjährigen Friedensdekade.

Die Aufforderung zu singen, den Namen Gottes zu loben, ergeht nicht nur an die wenigen, zum Beispiel an uns, die wir heute abend hier sitzen. Er ergeht an die ganze Welt und an alle Völker. Klingt das nicht sehr vollmundig?

Es gibt einen Grund zu loben, so überschwänglich zu loben und einfach alle Welt zum Lob aufzufordern. Der Beter des Psalms weiß einen Grund und vielleicht können wir diesen Grund gar nicht so leicht nachvollziehen oder er ist unserem Denken und Fühlen einfach abhanden gekommen. Vielleicht haben wir ihn beim Beten gar nicht gehört, weil unsere Ohren nicht mehr daran gewöhnt sind, solches zu hören.

„Denn der Herr ist groß und hoch zu loben, mehr zu fürchten als alle Götter … Betet ihn an in heiligem Schmuck; es

189

fürchte ihn alle Welt! Sagt unter den Heiden: Der Herr ist König. Er hat den Erdkreis gegründet, dass er nicht wankt. Er richtet die Völker recht."

Von der Gottesfurcht ist die Rede und so hat es auch Luther in der Auslegung der Gebote im Katechismus gefasst: Wir sollen Gott fürchten und lieben. Gott ist der Herr der Welt und der Menschen und der anderen Kreatur, weil er sie erschaffen hat. Gott ist der Richter über die Völker. Haben wir diesen Gott und diesen Blick Gottes auf uns vergessen?

Wir wollen uns hierzu ein Bild anschauen.

Projizieren (Daten zum Download auf www.v-r.de bei der Anzeige des Buches)

Vor ein paar Wochen war ich mit meinem Mann in Burgund, wir standen mehrmals vor diesem großen Portal in der Lazaruskirche in Autun und haben auf das Tympanon geschaut, das hier auf dem Bild angestrahlt ist und dadurch ein freundliches Licht entfaltet, aber ganz anders noch im Sonnenschein. Das Tympanon, der Halbkreis über dem Portal symbolisiert den Himmel. Meister Gislebertus hat ihn im 12. Jh. geschaffen: das Weltgericht. In der Mitte Christus in der Mandorla, die von vier Engeln gehalten wird. Christus, den Gott zum Weltenrichter eingesetzt hat. Er ist Herr über den Kosmos und die Zeit. Christus schaut verklärt in die Weite, das Gericht hat bereits stattgefunden. So sagt es ein Kommentator.

Aber es ist noch etwas anderes: Gleich vor der Kirche in Autun drängen die Häuser der Stadt, Straßencafés, in denen Menschen ihren Kaffee trinken. Christus schaut auf die Stadt, in die Stadt, auf die Menschen. Christus als der einladende Richter? Ist das Weltgericht einladend? Ist das Reden vom Weltgericht einladend? Warum haben wir es dann vergessen?

Durch dieses Portal treten die Menschen in die Kirche ein. Christus lädt in sein Haus ein, auch der richtende Christus mit einer einladenden Geste: Kommet her zu mir alle!

Passt diese Rede, so wie wir die Gerichtsrede Jesu aus dem Neuen Testament kennen, zu einer Einladung, zum Evangelium, zur frohen Botschaft? Vertreibt sie nicht eher die Menschen aus der Kirche? So denken viele bis heute.

Das Reden von Gott als dem Richter, wie wir es aus der hebräischen Bibel, dem Alten Testament kennen und wie wir es aus dem Neuen Testament von Jesus kennen, den Gott zum Weltenrichter eingesetzt hat, ist eine einladende Rede. Sie will Menschen trösten und zugleich ermahnen: Nehmt diesen Gott und diesen Christus nicht zu leicht, nehmt diese Rede vom Richten nicht auf die leichte Schulter. Lasst euch trösten, denn Gott richtet mit Gerechtigkeit und mit seiner Wahrheit. Er wird eurem Leben, jedem einzelnen Leben Gerechtigkeit zukommen lassen – schon hier und erst recht in der Ewigkeit. Die Gerechtigkeit, die wir uns gegenseitig nicht zukommen lassen können. Er wird den Richterspruch sprechen, den wir nicht sprechen können, nicht über das Leben anderer Menschen, nicht über die Geschichte und nicht über die Welt.

Es ist ernst gemeint und ernst zu nehmen, dieses neue Lied von dem Gott und für den Gott, den wir fürchten sollen, dieses neue Lied von dem Gott, der das Heil für alle Menschen will, die er erschaffen hat.

Dieses Reden vom tröstenden und mahnenden Gott und dieses neue Lied will die Stadt erreichen, die Stadt Autun und die Stadt Erlangen, die Gesellschaft, die Völker der Erde. Es will die verantwortlichen Politiker erreichen, und es will jeden Menschen erreichen, dass er umkehrt von der Gewalt und dem Tun des Bösen, hin zum Frieden und zum Friedensstifter.

Dieses neue Lied will unseren Blick umlenken. Der Teufelskreis kann verlassen werden, er wird verlassen. „Er wird den Erdkreis richten mit Gerechtigkeit und die Völker mit seiner Wahrheit." Amen.

❭ Lied: Im Dunkel unserer Nacht

❭ Fürbitten

❭ Lied: Domine deus

❭ Vaterunser

❭ Lied: Dona nobis pacem domine

❭ Segen

Der Friede Gottes, der höher ist als all' unsere Vernunft, der bewahre unsere Herzen und Sinne in Jesus Christus. – So gehet nun hin im Frieden des Herrn. Amen.

❭ Lied: Bleib mit deiner Gnade bei uns

❭ Musik